トラン・ブルーが切り拓く

パンの可能性

成瀬　正

Tadashi Naruse

旭屋出版

上手くいかないから、止まれない。

パンの職人として歩き出し、今に至る28年もの間、
どれだけの生地を仕込み、どれほどのパンを焼いてきたことか、
到底計り知ることが出来ない。
こうなるはずの方程式に当てはまり、こうなって欲しい答えに
辿り着いたことは、一度としてない気がする。
だからこそ、パンを創る醍醐味があり、
歩を止められない訳がそこにある。

数えきれないほどの失敗。原因のない失敗など有るはずがない。
それを探ろうと踏み出す真面目さと、大元まで突き詰める執念を
持ち合わせているだろうか。
どんな小さな作業にも必ず意味がある。その意味をとことん考え、
理解出来たことを喜び、寒いくらいに整理整頓出来ているだろうか。

パンを食べる人の心を打ち震わせたいと、今日もパンを焼く。
当たり前だと思えることを、さらりと出来るようになる。
すると、その先にあるパンの可能性が、はっきりと姿を現す。

トラン・ブルー
成瀬 正

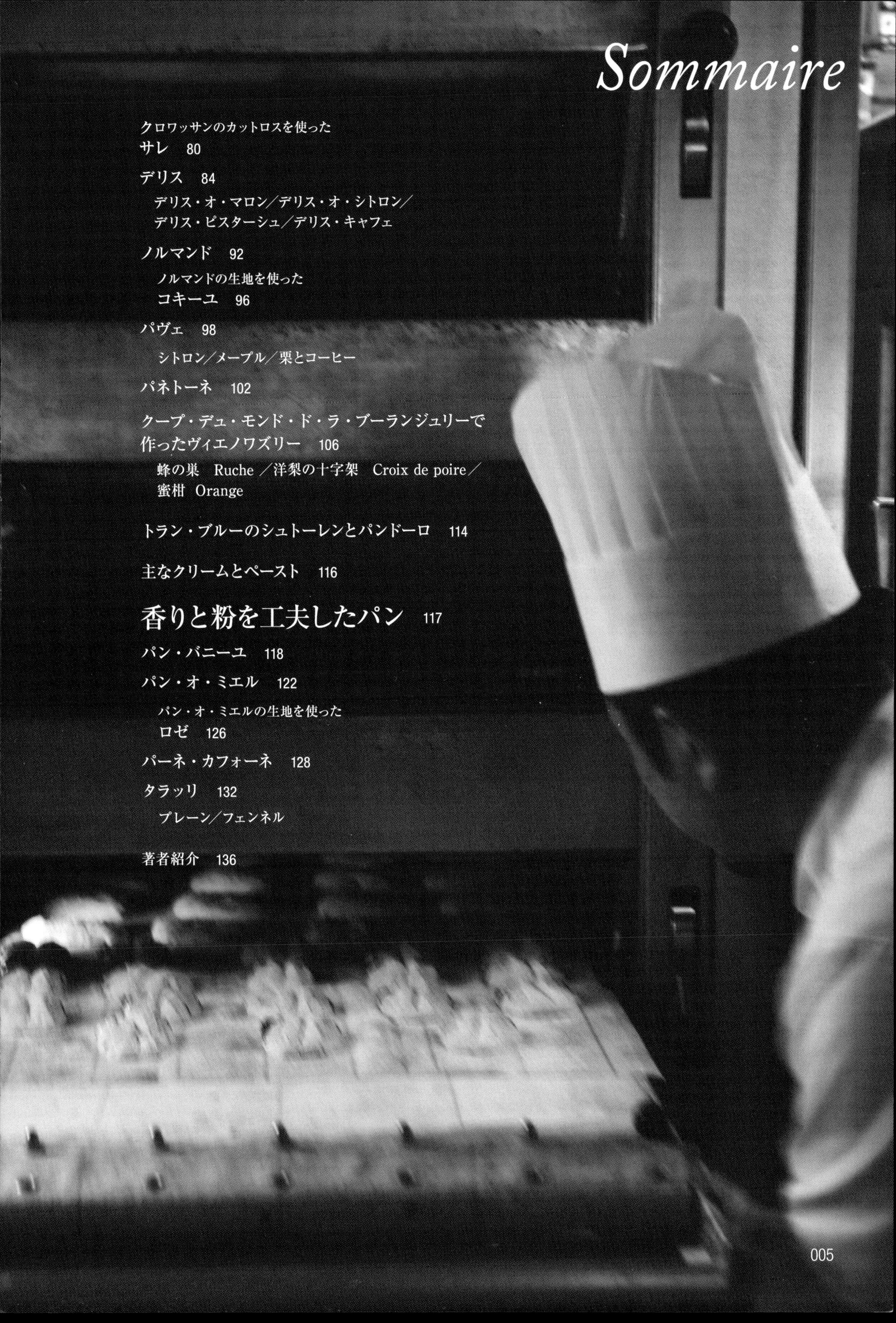

Sommaire

本書をお読みになる前に

本書の構成について

- 本書は、「パン」「ヴィエノワズリー」「香りと粉を工夫したパン」の3項目で構成され、各パンの配合と工程を解説しています。その他、「クープ・デュ・モンド・ド・ラ・ブーランジュリーで作ったヴェイエノワズリー」「トラン・ブルーのシュトーレンとパンドーロ」も紹介しています。
- 本書はパンごとに配合と作り方を解説していますが、バリエーションを広げやすいように、ひとつの生地に対してひとつのパンではなく、同じ生地からアレンジしているパンもあります。その場合は、パンの名前の前に「○○○○の生地を使った」と表記していますので、そのパン生地のページも併せて参照してください。
- 各パンの工程を豊富な手順写真とともにわかりやすく解説しています。手順写真のページは、視覚的にわかりやすいように見開きページで見ていただく構成にしています。写真に番号がついていますので、その順番に沿ってご覧ください。
- 各パンの配合と工程について、どういう観点で粉や副材料を選んでいるのか、なぜこの工程が大切なのか、といった目指すパンづくりをするための発想や製パン理論を紹介しています。ぜひ、参考になさってください。
- 本書で紹介しているパンは、「トラン・ブルー」で提供していないものや、期間限定商品も含まれています。

配合と工程の表記について

- 生地の配合はベーカーズパーセントで表記しています。ただし、ヴィエノワズリーの組み立ての場合は、1個単位の分量や対生地で表記しています。
- クリームやペーストの配合は、主軸になる材料を100%として表記することを基本としています。
- ミキシング、ホイロの設定、焼成の時間などはミキサーやオーブンの種類、また、気温や湿度によって変わってきますので、状況に応じて調整してください。特に店のある岐阜県高山市のように、1日の中でも寒暖の差が激しい場所の場合には、さまざまな場面で臨機応変な対応がより必要です。
- ホイロのコンディションは、温度、湿度の順に表記しています。
- ヴィエノワズリーで使用している型紙は全て自分で作っています。

本書で使用した材料と
各パンに共通する工程の基本

材料

- 小麦粉やその他の粉に関しては、商品名を表記しています。
- 小麦粉やその他の粉を選ぶ際は、灰分や蛋白量といった粉の特性と、どういう食感、味、外相、内相にしたいかといった目指すパンの両面から考えて選んでいます。粉に関して特徴を述べている表記がありますが、これは私が実際に使用して感じた意見です。
- ヴィエノワズリーに使用している折り込み用バターは、香りのよさ、水分含有量、なめらかさ、伸びのよさといった観点から選んでいます。バターは叩いてからシート状にして使っています。

ミキシング

- 本書では縦型ミキサーを使っています。ミキサーの種類、ミキサーボウルの大きさ、仕込み量によって、ミキシング速度や時間が変わります。本書のミキシングデータは参考として活用してください。
- バターを使うパン全てに共通することですが、バターを投入する際、バターがすべっているだけの低速には落としません。中速、あるいは中高速のまま一気にバターを投入します。途中、ミキサーを止め、手でバターを生地にもみ込むようにすると、ミキシングがスムーズに早く終了します。そうすることで、バターの風味をしっかり残すことが出来ます。

成形

- バターを折り込んだ生地の温度上昇にも注意が必要です。焼成時の層の立ち上がりに影響が出ます。比較的温度の低い金属製のスケッパーやカードの上に生地を置くなど、配慮が必要です。

冷却

- 冷却が必要な生地の場合、冷却中の生地の発酵も考慮すべきです。このことを見落としがちです。
- 冷凍庫に入れた生地の回りを少し整理して冷気が回るようにしたり、途中で奥と手前の生地を入れ替えたり、生地の表と裏をひっくり返すなど、ちょっとした気づかいで生地の冷え方が違います。

オーブン

- オーブンの特性を見極め、早く“お友達”になることをおすすめします。

Pains

パン

「パン」の基本材料は、小麦粉、パン酵母、塩、水の4種類。非常にシンプルな材料で作るからこそ、それぞれのパン職人の個性が表れるとも言えます。ここでは基本のパンに加え、その生地を使ったバリエーションを紹介します。

T-Baguette

目指したのは、小麦粉の甘みを感じられるバゲット。イーストの配合が少ないこと、灰分の多い小麦粉は浸水処理により酵素の働きを高めること、そしてオーバーナイトの発酵をとることが特徴です。ミキシング終了時はダラッとした生地ですが、パンチや分割、成形を少し強めに行なうことで窯伸びさせます。

【配合】

リスドオル	50%
レジャンデール	30%
グリストミル	20%
インスタントドライイースト	0.1%
塩	1.95%
モルト	0.1%
水	71～73%

配合の考え方とポイント

●小麦粉の甘みが感じられるバゲットを目指している。イーストの配合量を減らし、低温長時間のオーバーナイトで甘みを引き出す。小麦粉やイースト内の酵素がでんぷんを糖に分解するが、イーストが消化する糖の量を極力減らし、生地の中の残糖量を多くするよう、イースト量を少なくする。

●酵素を働かせたいため、灰分の多いレジャンデールとグリストミルという小麦粉を使用する。

【工程】

●前工程

レジャンデールとグリストミルを合わせ、同量より少し多めの仕込み水の一部を加え混ぜる。室温に最低8時間おき、浸水処理する。

●ミキシング

L2分30秒　↓（インスタントドライイースト）　オートリーズ15 分　L2分～2分30秒　↓（塩）　L2分30秒　M2～3分

捏ね上げ温度：21～22℃

●発酵時間

27～28℃・75%　20分　パンチ
20分　パンチ　20分　パンチ
5℃で12時間以上

●分割・丸め

250g

●ベンチタイム

16～18℃に戻るまで

●成形

バゲット型　40cm

●ホイロ

27～28℃・75%　　50～60分

●焼成

クープを斜めに3本～5本入れる。窯入れ前と窯入れ後に蒸気を入れ、250℃・下火220℃で25分。

工程の考え方とポイント

●小麦粉の酵素を働かせる

灰分の多いレジャンデールとグリストミルは、酵素を働かせるために水和させてから使う。浸水処理した状態で2日間くらいは冷蔵庫で保存できる。

▶12ページの手順写真1参照

●捏ね上げ温度は21～22℃

捏ね上げ温度が大切。発酵を抑えて熟成を進ませたいので、酵母が発酵しにくい温度でミキシングを終えること。

●5℃でオーバーナイトの発酵をとる

一晩冷蔵発酵させることで、グルテンの形成と熟成を進める。

●生地の表面を張らせるように成形する

生地が本来持っている力を封じ込めるイメージなので、張らせるように成形する。なぜなら、ホイロを最低50～60分とるが（この間も旨味成分は形成されている）、成形がうまくいっていないと形状に影響が出たり、力が抜けてしまったりするため。結果、クープが立たず、火通りが悪くなったりする。

▶14～15ページの手順写真20～27参照

●焼成は高温の窯で多めの蒸気を入れる

高温の窯で焼成することで、生地中の急激な水蒸気の発生により、生地が上に伸び上がる。窯伸びさせることでクラストが薄くなり、内相のポコポコとした膜も薄くなるので、モチモチしながらもねちゃつかず、食べやすいバゲットになる。

全体に大小不揃いの気泡が入っており、底に対して垂直に切った断面からは、生地が伸び上がっているのがわかります。膜がしっかりと伸びているので、モチモチ感がありながら、ねちゃっとした感じはありません。

灰分の多い小麦粉を水和させて、酵素を働かせる

前工程

ミキシング

1

レジャンデールとグリストミルに、同量より少し多めの仕込み水を合わせてよく混ぜる。8時間ほど室温において、浸水処理する。

2

残りの仕込み水にモルトを溶かし、1の種の縁から注ぎ入れる。こうすることで、ボウルから種が離れやすくなる。

3

ミキサーボウルにリスドオルを入れ、2の種を加えてミキシングを開始する。

4

低速で2分30秒ほど回して、材料が合わさったら、インスタントドライイーストを入れる。

パンチで力をつけていく

発酵時間

9

バットに入れて発酵をとる。写真は30分ほど経過した生地をバットからあけた状態。だいぶつややかさが出てきている。

10

1回目のパンチ。生地を三つ折りにして表面を張らせるような感じでパンチする。3回するパンチのうち、この段階が一番強い。

11

パンチを終えたら、バットに生地を入れて20分ほど発酵をとる。写真は発酵をとり、2回目のパンチをする前の生地の状態。

12

バットをひっくり返して、2回目のパンチをする。最初に生地の右側、左側から引っ張るようにして折りたたんでガスを抜く。

オートリーズで生地をつなげる

5

オートリーズを15分ほどとる。写真はオートリーズ後に生地を引っ張った状態。生地を引っ張っても切れずにつながっている。

6

少しミキシングしたら、塩を加える。ツヤが出始めてきたら、最後に少しミキシングの速度を上げる。

7

ミキシングが終了した生地。表面がつややかな状態になる。捏ね上げ温度は21℃。酵母が発酵しにくい温度で上げることが大切。

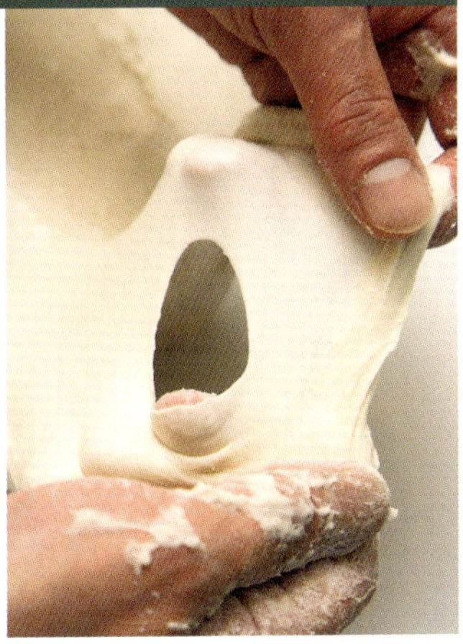

8

生地の端を引っ張ってみて、破れた穴の縁がギザギザしていない状態が、ミキシング終了の目安になる。

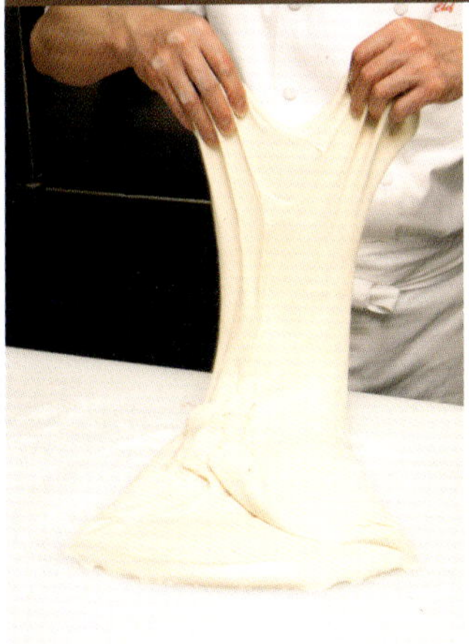

13

生地の向きを90度回転させて、手前を引っ張るようにして折りたたむ。手前から半分に折り、とじ口を下にしてバットに入れる。

14

さらに20分ほど発酵をとって、3回目のパンチをする前の生地の状態。

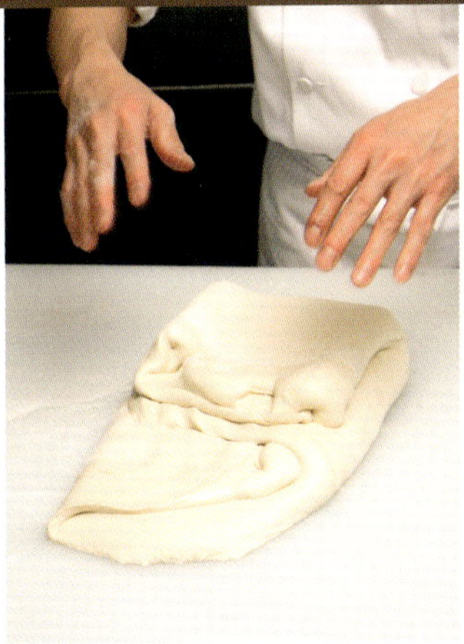

15

バットをひっくり返して、3回目のパンチをする。要領は2回目と同じ。

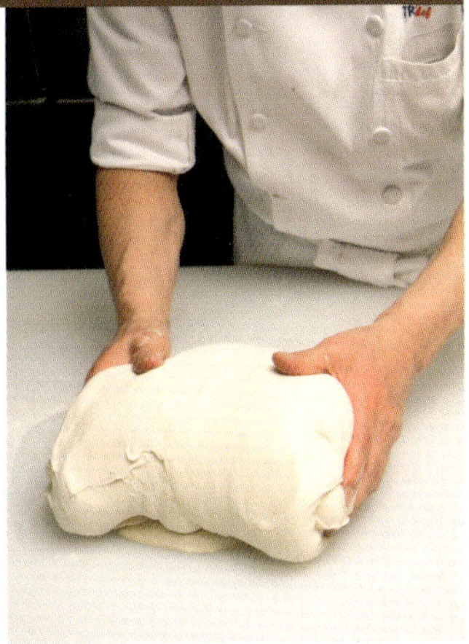

16

3回目のパンチを終えて、生地をまとめた状態。生地の表面にだいぶツヤが出て、力もついてきているのがわかる。

力加減は生地の状態で調節する

分割・丸め

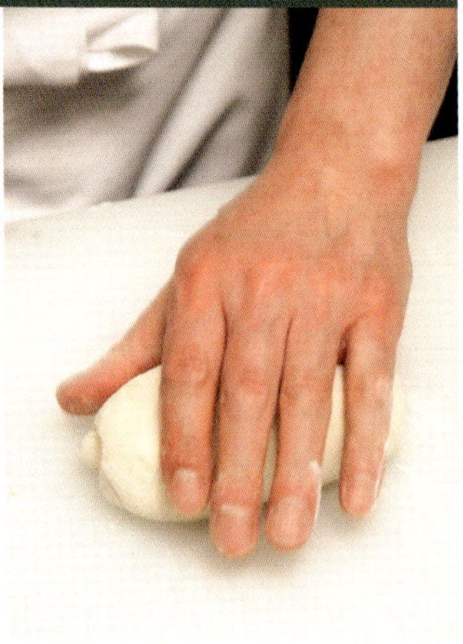

成形

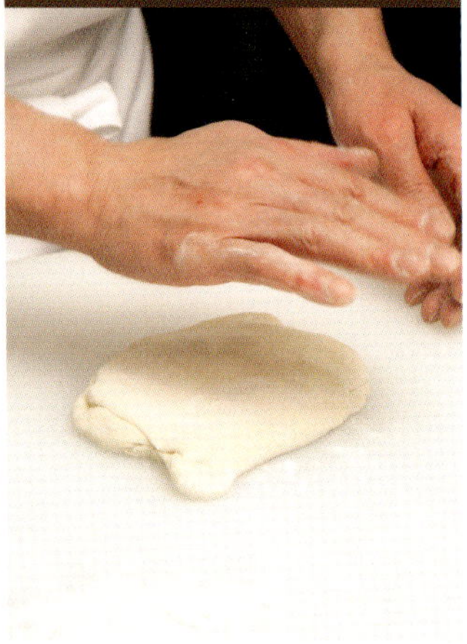

17

5℃でオーバーナイト発酵させた状態の生地。一晩冷蔵発酵させることで、グルテンの形成と熟成を進める。

18

生地を250gに分割する。軽く叩いてガスを抜き、手前から三つ折りにする。

19

生地の向きを90度変えて、手前から奥に向かって巻き、表面を張らせるように転がして丸める。ベンチタイムをとる。

20

手粉をつけて、生地を軽く叩く。

表面を張らせるように生地を転がす

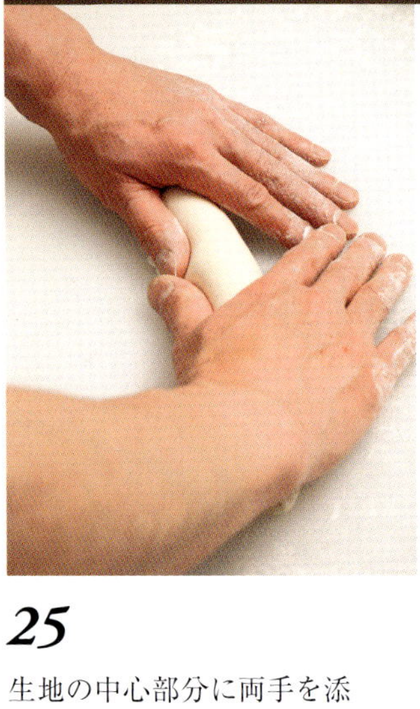

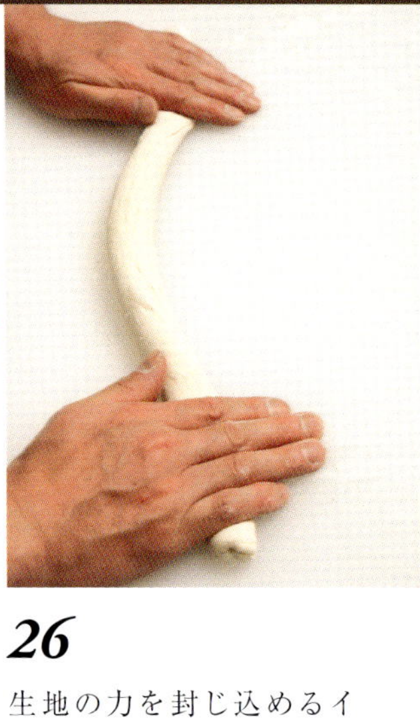

ホイロ

25

生地の中心部分に両手を添えて、両端に向かって手をずらしながら生地を転がして伸ばしていく。

26

生地の力を封じ込めるイメージで、表面を張らせるようにしながら成形することが大切。約40cm長さになるように伸ばす。

27

写真のように生地の両端を細く伸ばすと15ページのような焼き上がりになる。

28

布取りして、ホイロを50～60分とる。

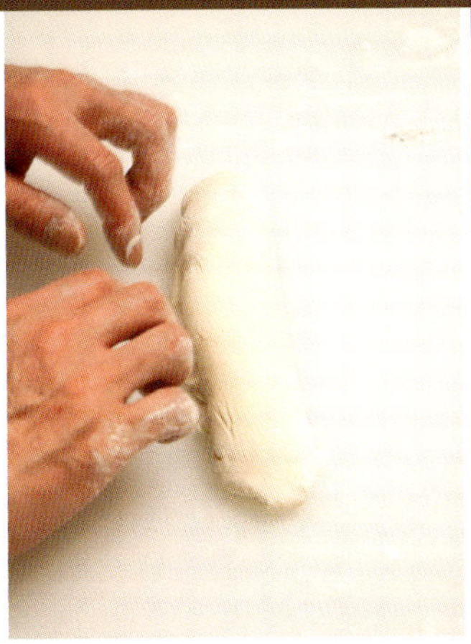

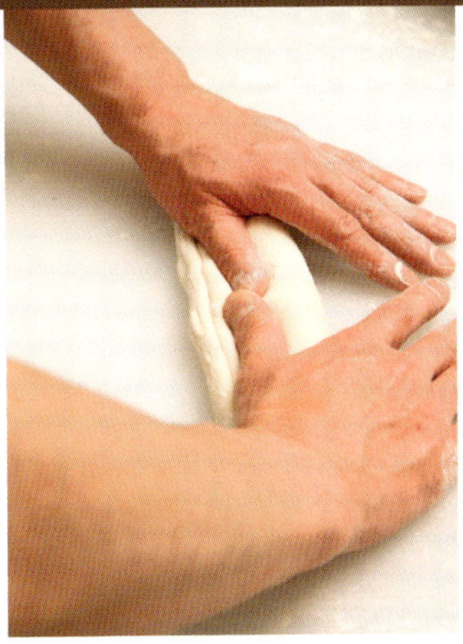

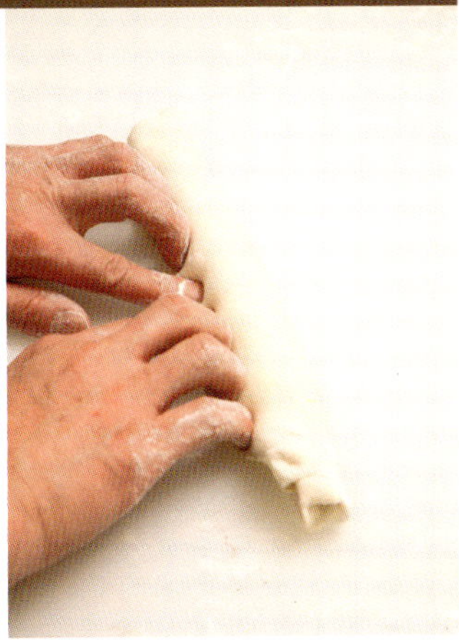

21

手前から約3分の1のところで折りたたむ。

22

奥から生地を約3分の1折りたたんで、手前の生地に重ねる。

23

生地を少し奥に転がして、生地が重なっている部分を親指の腹で押さえる。

24

23で押さえた部分で生地を半分に折りたたむ。指先で軽く生地をとめる。

クープは同じ幅で一気に入れる

焼成

29

10ページのような焼き上がりの場合はクープ3本、写真右のような場合はクープを5本入れる。クープは、同じ幅で一気に入れる。

30

窯入れ前と窯入れ後に蒸気を入れ、上火250℃・下火220℃のオーブンで25分焼く。窯伸びさせて、クラストを薄く焼き上げる。

通常店頭に並べる「T-Baguette」は、写真のように、両端を細く成形してクープを5本入れたものを用意しています。

T-Baguetteの生地を使った
リュスティック

ミキシングが終わった「T-Baguette」の生地に、さらに水を加えて作るリュスティック。吸水80%と非常に水分の多い生地をしっかりと焼き込むことで、モチッとした食感が出て、日持ちもよくなります。

かぼちゃと栗とヘーゼルナッツ

さつま芋と栗とごま

人参とスイートコーン

【配合】

◉生地

「T-Baguette」の生地……100%
水……生地全量（g）÷配合全体のベーカーズ%×100に対して10%

◉練り込み材料（対生地）

◎かぼちゃと栗とヘーゼルナッツ
かぼちゃのシロップ煮……25%
蒸し栗のシロップ煮……20%
ヘーゼルナッツ……10%

◎さつま芋と栗とごま
黒ごま……8%
さつま芋のシロップ煮……30%
蒸し栗のシロップ煮……20%

◎人参とスイートコーン
人参のシロップ煮……20%
スイートコーン……20%

【工程】

●ミキシング

ミキシングが終了した「T-Baguette」の生地に、少しずつ水を加えて中速で回す。
※「さつま芋と栗とごまのリュスティック」のみ、黒ごまをミキシングの最後に加える。
捏ね上げ温度：22℃

●発酵時間

27～28℃・75%　20分　パンチ　20分　パンチ　20分　パンチ　5℃の冷蔵庫で一晩
※2度目のパンチの時にそれぞれの練り込み材料を混ぜ込む。

●分割・成形

◎かぼちゃと栗とヘーゼルナッツ
135g（7cm角の正方形）
丸型

◎さつま芋と栗とごま
135g（7cm角の正方形）
フォンデュ型

◎人参とスイートコーン
120g（28cm×3.5cm幅の棒状）
スネーク型

●ホイロ

27～28℃・75%　約60分

●焼成

◎かぼちゃと栗とヘーゼルナッツ
そのままスリップピールにおき、4本のクープを四角く入れる。

◎さつま芋と栗とごま
ひっくり返してスリップピールにおく。

◎人参とスイートコーン
そのままスリップピールにおく。
粉を振り、上火240℃・下火200～210℃で 24～25分。

工程の考え方とポイント

●吸水の多い生地を作る
最初から吸水を多くすると、生地の組織ができにくい。吸水を多くしたかったら、組織が出来ている生地（=ミキシングを終えた生地）の中に水を少しずつ加えると効果的である。
▶18ページの手順写真1～2参照

●生地に均一に練り込み材料を折り込む
生地に混ぜ込む練り込み材料が溶けたり、壊れたりする場合には、ミキサーではなく、折り込んでいくとよい。折り込む際は、広げた生地の端から3分の2に練り込み材料の半量をのせて三つ折りし、生地の向きを変えて、同じ様に残りの練り込み材料をのせてもう一度三つ折りすることで、ほぼ均一に折り込むことができる。
▶18～19ページの手順写真4～8参照

完成した生地に水を少しずつ加える

ミキシング

1

「T-Baguette」のミキシング終了の生地に、水を少しずつ加えながら中速でミキシングする。

2

ミキシングが終了した生地。つながっている生地に水分を加えていくことで、吸水量を増やすことが出来る。

◎かぼちゃと栗とヘーゼルナッツ

発酵時間

3

20分ほど発酵をとった状態。パンチを3回するが、1回目は生地を張らせて、力をつけるようにパンチする。

4

2回目のパンチは、生地を叩いて長方形に伸ばし、手前から3分の2に半量のかぼちゃ、栗、ヘーゼルナッツを敷き詰める。

9

一晩冷蔵発酵させた生地。

分割と成形を同時に行う

分割・成形

10

もう一度パンチして生地を21cm×35cmに伸ばし、7cm×7cmに分割する。対角線状にある二つの角をそれぞれ重ね合わせる。

11

重ねた角を下にして、表面をはらせるようにして表目を丸く成形する。ホイロを60分ほどとる。

焼成

12

火通りをよくするために、四角くクープを4本入れる。粉を振って、上火240℃・下火200～210℃で24～25分焼く。

練り込み材料を折り込んでいく

5
練り込み材料がのっていない生地を手前に折りたたみ、さらに奥から生地を折って三つ折りにする。

6
生地を90度回転させ、上から叩いて長方形に伸ばす。

7
手順4〜5と同じ要領で、残りの練り込み材料を生地に混ぜ込む。混ぜ込んだら、三つ折りにして発酵をとる。

8
3回目のパンチも生地を広げてから、三つ折りを2回する。練り込み材料が生地全体に均等に入るように折り込む。5℃で一晩冷蔵発酵させる。

◎人参とスイートコーン

発酵時間

分割・成形

1
一晩冷蔵発酵させた生地。

2
一度パンチをしてから28cm角の正方形に伸ばし、端から3.5cm幅に切る。

3
作業台に粉を振り、生地の手前から巻いていく。

4
生地をとめる際には、生地同士をつまむ程度でよい。

◎さつま芋と栗とごま

発酵時間

分割・成形

焼成

1
ごまを8%入れた生地を使用。写真は一晩冷蔵発酵させた状態の生地。

2
他と同様に伸ばし、7cm角の正方形に。スケッパーの背で対角線状に押す。

3
スケッパーの背の跡がついた対角線状のところで、生地を半分に折る。

4
生地の内側に粉を少しつけて握る。握り加減や粉のつき方で様々な表情に。

5
とじ目を下にしてホイロをとり、焼成する時にはひっくり返してオーブンへ。

ルヴァン種を加えたポーリッシュ種のバゲット

ルヴァン初種を加えたポーリッシュ種の働きにより、生地の酸性度が増して熟成が進みます。食べると少し酸味を感じますが、口溶けがよく、老化の遅いバゲットです。同じバゲットでも10ページの「T-Baguette」よりもボリュームが出て、軽い感じになりますが、その分、味が薄くならないようにイースト量を少なくしたり、本捏ね以降の工程にかける時間を短くすることで、伸びすぎるところを抑えます。

【配合】

◉ポーリッシュ種

スワッソン……23%
レジャンデール……10%
ルヴァン初種(50ページ参照)……2%
水……35%

◉本捏ね

リスドオル……67%
インスタントドライイースト……0.2%
天塩……2.1%
モルト……0.3%
水……35%～

配合の考え方とポイント

●酵素を働かせたいので、ポーリッシュ種にスワッソンとレジャンデールという灰分の多い粉を使う。本捏ねでは、リスドオルを使ってサクミを出す。
●過熟成しているポーリッシュ種を使うので、イーストを少なくする。
●ポーリッシュ種にルヴァン初種を入れることで、酸性度が増して、熟成が進む。焼成後のパンの口溶けがよくなり、粉っぽさが消え、日持ちがよくなることを狙って使っている。

【工程】

◉ポーリッシュ種

●前工程

ルヴァン初種に仕込み水の一部を加えて、潰しながら溶かす。

●ミキシング(手混ぜ)

密閉容器に残りの水と溶かしたルヴァン初種を加えてさっと混ぜ、小麦粉を入れる。なめらかな状態になるまでよく混ぜる。
捏ね上げ温度:20～22℃

●発酵時間

22～23℃　12時間

◉本捏ね

●ミキシング

L6～7分　M3分
捏ね上げ温度:21～22℃

●発酵時間

27～28℃・75%　30分　パンチ　40～45分

●分割・丸め

300g

●ベンチタイム

20～25分

●成形

バゲット型　50cm弱

●ホイロ

27～28℃・75%　40分

●焼成

クープを5本入れる。
窯入れ前と窯入れ後に蒸気を入れ、250℃・下火220℃で25分。

工程の考え方とポイント

●ポーリッシュ種のベストな状態の見極め

ポーリッシュ種は表面に大きな気泡がたくさんあり、容器を少し揺らすと表面が落ちる状態で使用するのがよい。
▶23ページの手順写真6参照

●発酵・熟成は抑える

過熟成の種(＝ポーリッシュ種)を使うので、ミキシング時間は短くなる。発酵、熟成を抑える方向で作業を進める。そうしないと過熟で、味の抜けたパンになってしまう。

●成形は「T-Baguette」と同じ要領で

成形時は生地を押さえつけずに、表面を張らせること。
▶14～15頁の手順写真20～27参照

写真のように、膜が薄くて、断面全体にポコポコとした大きな穴があるのが理想の内相です。

◉ポーリッシュ種

ダマにならないように均一に混ぜる

前工程

1

ルヴァン初種を仕込み水の一部で溶かす。ゴムベラを使って、ルヴァン初種を潰しながら水に溶かす。

ミキシング（手混ぜ）

2

密閉容器に残りの仕込み水と1を入れてさっと混ぜ、2種類の小麦粉を加える。小麦粉は灰分の多いものを使う。

3

小麦粉と水がダマにならないよう、ゴムベラで少しずつ混ぜていく。

4

小麦粉が吸水し始め、なめらかになってくる。力が必要な作業だが、休まずに一気に混ぜて種を作る。

伸びる、やわらかい生地づくり

9

水温が冷たい時にはイーストは最初から入れずに、少しミキシングして材料が混ざり、温度が安定してから加えた方が働きがよくなる。

10

合計9～10分ほどミキシングした生地は、引っ張るとかなり伸びる。

11

バンジュウに生地を入れて、発酵をとる。

発酵時間

12

30分経ったら、パンチを1回入れる。非常に伸びる生地になっている。さらに40～45分の発酵をとる。

◉本捏ね

発酵時間

ミキシング

5

種を持ち上げて、すっと落ちていく状態になればよい。撮影時は3～4分ほど休まずに混ぜ続けて、写真のような状態になった。

6

大きな気泡が出てきて、容器を揺らすと表面が落ちる状態になるまで発酵をとればよい。目安は12時間。甘酸っぱい香りがする。

7

水とモルトと塩を合わせて溶かす。この一部をポーリッシュ種の縁から少しずつ注ぎ入れ、容器から種がすっとはずれるようにする。

8

ミキサーボウルに小麦粉とポーリッシュ種、残りの仕込み水を入れて、ミキシングを開始する。

表面を張らせるように成形する

分割・丸め

成形

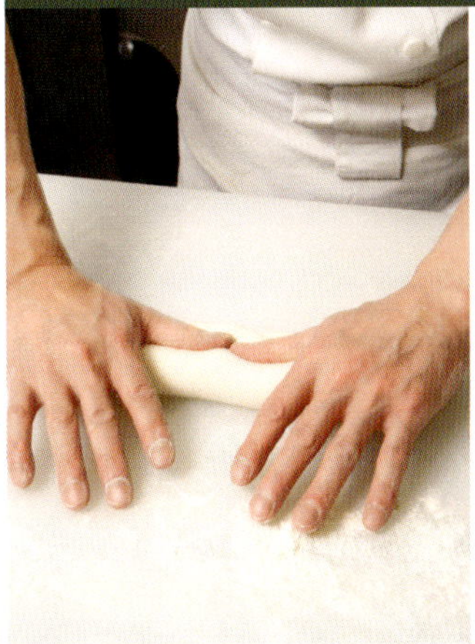

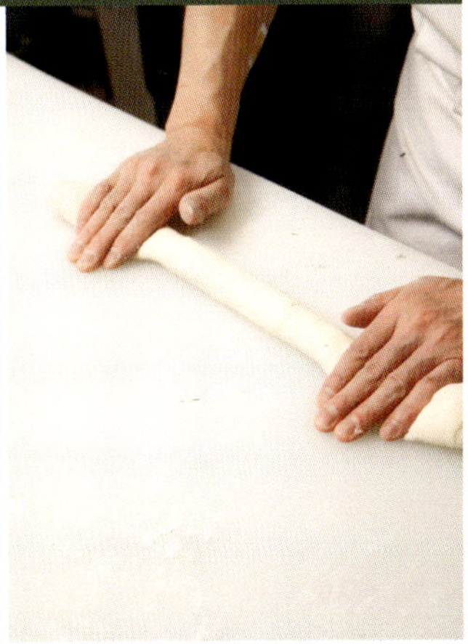

ホイロ

13

300gに分割して丸め、ベンチタイムを20～25分とる。

14

成形の要領は、14～15ページの手順20～27の「T-Baguette」と同じ。表面を張らせるようにして、折りたたむ。

15

手のひらを使い、表面を張らせるように、長さ50cm弱ほどのバゲット型に成形する。

16

40分ほどホイロを取った状態の生地。クープを5本入れる。窯入れ前と後に蒸気を入れて、上火250℃・下火220℃で25分ほど焼く。

ルヴァン種を加えたポーリッシュ種のバゲット生地を使った

フルール

成形

1

3枚の生地を適当な大きさに伸ばし、そのうち2枚の生地の全面にエスカルゴバターを均一に塗る。

2

バターを塗った上に、粉をたっぷりと振り、余分な粉を刷毛で丁寧に落とす。

3

2の一枚に、バターを塗った面を上にしてもう一枚の生地を重ねる。さらにバターを塗っていない生地を重ねて、三枚重ねにする。

4

四隅がきちんと重なるように合わせる。庖丁で四角く12等分に切る。

エスカルゴバターの味と香り、そして"花のような表情"が魅力のパン。エスカルゴバターを塗った三枚重ねの生地の四隅を集め、そのまま自然な形でホイロをとることで、焼成するとさまざまな表情が生まれます。

【配合】

「ルヴァン種を加えたポーリッシュ種のバゲット」の生地……2400g
エスカルゴバター（※）……適量

※エスカルゴバター
発酵バター500gを立てたところに、エシャロット（みじん切り）2個、ニンニク（すりおろし）6片、イタリアンパセリ（みじん切り）2掴み、アーモンドプール30g、粒マスタード大さじ1、塩10～15g、黒胡椒2gを除々に加え混ぜる。

【工程】

●分割・丸め

800g×3

●ベンチタイム

20～25分

●成形

3つの生地を四角く伸ばし、そのうち2枚にエスカルゴバターを全面に塗る。3枚の生地を重ね、四角く切り、手で十字に折り込み線を入れて、四隅を中央で合わせる。ひっくり返してキャンバスに並べる。

●ホイロ

27～28℃・75%　50～60分

●焼成

スリップピールにひっくり返しておき、粉を振る。
上火250℃・下火220℃　25分

工程の考え方とポイント

生地にエスカルゴバターを塗って重ねるが、バターだけだと生地がはがれすぎるので、生地に十分に粉を振って刷毛で払い落とし、わずかに接着させる。
▶24ページの手順写真1～3参照

5

生地の上から手で十字に折り込み線をつける。

6

両手で生地の四隅の頂点を中心の一箇所に集めて、生地をまとめる。そのままひっくり返し、台の上の粉を少しつける。

ホイロ

7

とじ口を下にして布取りし、50～60分ほどホイロをとる。写真はホイロをとった後の生地の状態。

焼成

8

スリップピールに生地をひっくり返しておき、粉を振って焼成する。表面のひび割れの違いで、焼成後にそれぞれの"顔"ができる。

ルヴァン・ド・パートを使ったリュスティック

一晩熟成させ、酵素を十分に働かせたルヴァン・ド・パートを、配合全体の約半量使っているリュスティックです。本捏ねではミキシングをあまりしないことで生地にストレスをかけず、3時間近い発酵の中で行なうパンチで生地をつないでいきます。甘みとかすかな酸味があります。

【配合】

◉ルヴァン・ド・パート

スワッソン	35%
グリストミル	15%
天塩	1%
パート・フェルメンテ	3.5%
水	35%

◉本捏ね

ルヴァン・ド・パート	全量
リスドオル	50%
インスタントドライイースト	0.1%
天塩	1.2%
モルト	0.2%
水	44%

【工程】

◉ルヴァン・ド・パート

●ミキシング

粉にパート・フェルメンテをちぎりながら入れておく。塩を溶解した水を加え、なめらかになるまで低速でミキシングする。

捏ね上げ温度：21～22℃

●発酵時間

23～25℃　18～22時間（膨張率3倍）

◉本捏ね

●ミキシング

L1～2分　↓（ルヴァン・ド・パート）
L2～3分

捏ね上げ温度：23～24℃

●発酵時間

27～28℃・75%　10分（室温）
パンチ　50分　パンチ　50分
パンチ　40分　パンチ　40分

●分割・成形

均一な厚さに伸ばし、スケッパーで150gに切り分けて成形とする。

●ホイロ

27～28℃・75%　30～40分

●焼成

クープを対角線状に1本入れる。窯入れ前と窯入れ後に蒸気を入れ、上火260℃・下火235℃で25分。

工程の考え方とポイント

●ルヴァン・ド・パートは18～22時間の発酵をとる

ルヴァン・ド・パートの発酵の目安は、3倍程度の膨張。透明の容器に入れて生地の位置をマークしておくと、発酵具合がわかりやすい。

▶28ページの手順写真3～4参照

●パンチで生地をつなげる

発酵は、最初に10分ほど室温においてつき丸めする。見た目にはわからないが、生地がつながり始めてくる。その後もパンチでつないでいく。パンチはミキシングのイメージで行なう。

▶28～29ページの手順写真9～13参照

●ホイロはとり過ぎない

分割＝成形のパン。分割後、布の上においてホイロに入れる際には、生地をひっくり返しておく。ホイロは、生地の形が保たれているうちに終える。

▶29ページの手順写真16参照

●高温の窯で焼成する

吸水の多い生地は、高温で窯入れする。そうすることで、水蒸気が一気に発生して生地が立ち上がる。

全体に大小の穴がボコボコあり、ツヤがある断面。吸水がやや多いので膜が厚くなりやすいのですが、モチモチ感があります。

◉ルヴァン・ド・パート

ミキシング

膨張率3倍が目安

発酵時間

1

ミキサーボウルに2種類の小麦粉を入れて、パート・フェルメンテ（3時間発酵させたフランスパン生地）をちぎりながら入れる。

2

塩を溶かした水を加える。ミキシングは低速で回し、写真くらいのなめらかな状態になったら終了。

3

ミキシングを終えた生地を透明な容器に入れて、生地の位置に印をつけておく。こうするろ、膨張率（発酵状態）がわかりやすい。

4

18～22時間ほど発酵をとる。時間はあくまでも目安で、3でマークしたところから3倍ほど膨張していればよい。

パンチで生地をつないでいく

発酵時間

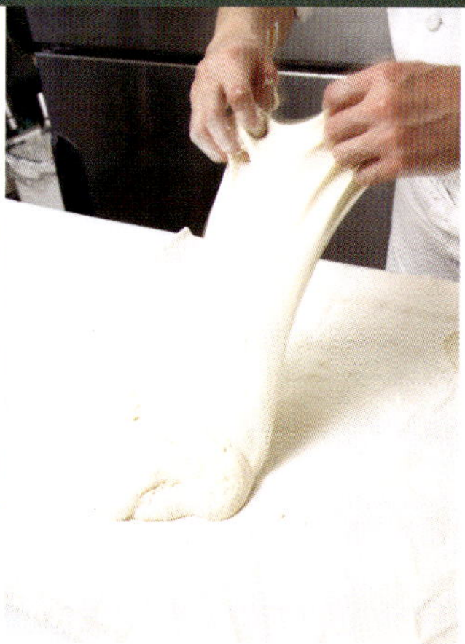

9

ボウルの中の生地を10分ほど室温においたら、布の上にあける。8の状態よりも生地がつながり始めているのがわかる。

10

発酵は3時間超かけて行ない、その間に4回パンチする。写真は1回目のパンチ。最初は強めにパンチを入れる。

11

2回目のパンチもしっかりとする。生地は除々につながってきているが、まだデレッとした状態。

12

3回目のパンチ。生地はだいぶつながってきている。パンチはミキシングのイメージで行なう。

◉本捏ね

ミキシングはあまりしない

ミキシング

5

ミキシングが短いので、最初に水とモルトと塩を合わせたものをミキサーボウルに入れる。

6

小麦粉を入れてミキシングを開始する。水と小麦粉が混ざり合ったら、ルヴァン・ド・パートをちぎりながら入れる。

7

ルヴァン・ド・パートが水と小麦粉に混ざり合ったら、ミキシングは終了。吸水79％なので、生地はかなり流れるような状態。

8

ホイロに入れる前に10分ほど室温におくため、生地をボウルにあける。生地のやわらかさがよくわかる。

13

発酵を終えた生地。4回目のパンチを終えたら、分割・成形のことを考えて、四角いバットで発酵させる。

分割・成形

14

生地が均一の厚さになるように、上から叩いて四角くのばす。

15

スケッパーを使い、18等分に切る。生地はそっと扱う。

ホイロ

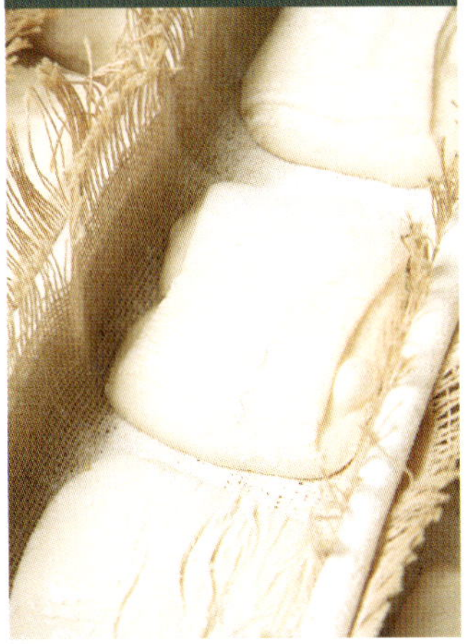

16

布に麻を重ねた上に生地をひっくり返しておき、ホイロをとる。スリップピールにそのまま移し、クープを1本入れて焼成する。

ルヴァン・ド・パートのリュスティック生地を使った
ショコラ・ジャンジャンブル

パンチをしながら生姜の砂糖煮を練り込む

発酵時間

分割・成形

1

「ルヴァン・ド・パートを使ったリュスティック」と同じように発酵をとるが、1回目のパンチの際に生姜の砂糖煮を混ぜ込む。

2

発酵を終えた状態の生地。パンチを4回するので、生姜の砂糖煮は自然と生地全体に混ざる。

3

生地を叩いて広げ、手前と奥を少し残してビターチョコレートを広げる。手前と奥の生地に水刷毛する。

もっちりとした生地に、ビターチョコレートと生姜の甘煮を混ぜ込んだパンです。フォンデュ型の要領で成形しますが、最後に片方の生地の横幅を少し広げることで、ハート型に焼き上がります。

【配合】

「ルヴァン・ド・パートを使ったリュスティック」の生地……100%
生姜の砂糖煮……5%
ビターチョコレート……10%

【工程】

●発酵時間

27～28℃・75%　10分（室温）
パンチ　50分　パンチ　50分
パンチ　40分　パンチ　40分
※1回目のパンチの時に生姜の砂糖煮を混ぜ込む。

●分割・成形

生地を広げてビターチョコレートをおき、横に二等分する。チョコレートを包み込むように巻き、10cm幅に切る。スケッパーの背でくぼみをつけて折り、片方を左右に少し広げる。

●ホイロ

27～28℃・75%　30～40分

●焼成

窯入れ前と窯入れ後に蒸気を入れ、260℃・下火235℃で25分。

工程の考え方とポイント

●上手に具材を練り込む
生姜の砂糖煮を練り込んだ生地にビターチョコレートを巻き込む際、生地がやわらかく作業しづらいが、チョコレートを包み込むように張らせながら巻いていくと、きれいに成形が出来る。

4
横に二等分する。それぞれチョコレートを包み込むように、張らせながら巻いていく。

5
端から10cm幅に庖丁で切る。切った生地の中心にスケッパーの背を押し当て、くぼみをつける。

6
生地を折りたたんでフォンデュ型の要領で成形し、片側の生地の左右を少し広げてハート型にする。

パン・ペイザン

全粒粉を使った、味も見た目も素朴さが魅力のパンです。ルヴァン種を加えたポーリッシュ種を配合しているので、少し酸味があり、老化が遅くて日持ちするのが特徴。モチッとした食感も出ます。最初は生地がデレッとしていますが、後々締まってきます。

【配合】

◉ポーリッシュ種

グリストミル……20%
リスドオル……20%
ルヴァン初種（50ページ参照）
……1〜1.5%
水……42%

◉本捏ね

リスドオル……30%
スーパーファインハード……30%
インスタンドドライイースト……0.15%
天塩……2%
モルト……0.2%
水……34%

配合の考え方とポイント

●グリストミルは水をしっかり吸わせ、酵素を働かせると旨味が出るので、ポーリッシュ種に使用する。
●スーパーファインハードは全粒粉だが、粒感がないのが特徴。

【工程】

◉ポーリッシュ種

●前工程

ルヴァン初種を仕込み水の一部で溶かす。

●ミキシング（手混ぜ）

小麦粉とルヴァン初種を水に溶かしたもの、水を入れて、均一な状態になるまでよく混ぜ合わせる。

●発酵時間

22〜23℃　12時間

◉本捏ね

●ミキシング

L6分　M3分　MH1分30秒
捏ね上げ温度：21℃

●発酵時間

27〜28℃・75%　60分　パンチ　60分　パンチ　60分

●分割・丸め

450g

●ベンチタイム

20〜25分

●成形

丸型とコルドン型

●ホイロ

27〜28℃・75%　60〜70分

●焼成

丸型にはクープを四角く4本入れる。コルドン型は切り込みを入れる。
窯入れ前と窯入れ後に蒸気を入れ、上火250℃・下火220℃で20分、上火230℃・下火210℃に下げて15分。

工程の考え方とポイント

●ポーリッシュ種はダマにならないように混ぜる

混ぜる際には、密閉容器の片側に小麦粉を寄せて、小麦粉の入っていない側にルヴァン初種を溶かした水と残りの仕込み水を入れ、小麦粉を徐々に崩しながら混ぜる。
▶34ページの手順写真1〜3

●捏ね上げ温度は低めに

捏ね上げ温度を21℃と低めに上げることが大切。その後はパンチでつなげながら、酵素をじっくりと働かせる。なお撮影時は、捏ね上げ温度を21℃にするために、10℃くらいの水を使った。水温が12℃以下だとインスタントドライイーストが発酵しないので、最初からイーストを入れてミキシングするのではなく、材料が混ざり、温度が安定してから加えている。

●ミキシングの終了は膜が出来始めを目安に

ミキシング終了のタイミングは、生地に力が出て、膜が出来始めたくらいを目安とする。
▶35ページの手順写真8

◉ポーリッシュ種

ダマにならないようにしっかり混ぜ合わせる

ミキシング（手混ぜ）

1

密閉容器に小麦粉を入れて傾け、片側に寄せる。小麦粉が入っていない側に、仕込み水の一部で溶かしたルヴァン初種と残りの仕込み水を入れる。

2

小麦粉を少しずつ崩しながら水の中に入れていき、ダマにならないように、均一な状態になるまでゴムベラで混ぜ合わせる。

3

写真のようになめらかな状態になるまで混ぜる。撮影時は、7～8分ほどの時間を要した。

発酵時間

4

膨張率が2～2.5倍になり、気泡が出てきて、生地の表面が落ちるか落ちないかくらいの状態が、熟成の到達点と考えられる。

発酵時間

9

3時間ほど発酵をとることで酵素を働かせ、2回のパンチで生地を作っていく。パンチはあまり強くせず、軽く折る程度。

10

2回目のパンチも軽く三つ折りにする程度でよい。生地の酸度が増しているため、締め過ぎないようにする。

11

発酵が終わった状態の生地。パンチで力がつき、酸度も増し、しっかりとした状態。

◎丸型

分割・丸め

12

450gに分割して、軽く叩いて締めずに丸める。生地は後の工程でも締まってくる。

◉本捏ね

捏ね上げ温度は低めに

ミキシング

5

仕込み水にモルトと塩を溶かす。ポーリッシュ種の縁から水を注ぎ入れて、ポーリッシュ種を取りやすくする。

6

ミキサーボウルに2種類の小麦粉を入れ、5のポーリッシュ種を加えてミキシングを開始する。

7

少しミキシングして、生地の温度が少し上昇したら、インスタントドライイーストを加える。

8

ミキシング終了の目安は生地に力が出て、膜が出来始めたくらい。捏ね上げ温度は21℃と低め。大きめのパンジュウに入れる。

成形

ホイロ

焼成

13

生地の端を右手で持ち上げて、左手で生地を内側に折り込んでいく(菊練り)。8割方折り込んだら余分な空気を叩き出して、丸め直す。

14

とじ目を上にして、バヌトンに入れる。上部にあるとじ目をつまむ。

15

60～70分ほどホイロをとる。生地はバヌトンの8割ほどの高さまで発酵している。

16

スリップピールにひっくり返しておき、クープを4本入れる。上火250℃・下火220℃で20分、上火230℃・下火210℃に下げて15分焼く。

◉コルドン型

成形

17

生地を40cmほどの長さに成形し、両端を10cmずつ麺棒で薄く伸ばす。

18

薄く伸ばした部分に、庖丁で切れ目を2本ずつそれぞれに入れる。切れ目を入れた生地にオリーブオイルを塗る。

19

切れ目を入れた生地をそれぞれ三つ編にする。

20

中心部部分の生地の端に、斜めに麺棒を押し当てて、くぼみを2箇所作る。

21

くぼみ部分に三つ網した生地をそれぞれ入れて、しっかりとくっつける。ひっくり返して布取りし、60～70分ホイロをとる。

焼成

22

スリップピールにひっくり返して生地をおき、三つ網した生地を重ねた間にハサミで切れ目を入れる。合計35分焼成する。

パン・ペイザンの生地を使った
ナッツ入りパン・ペイザン

全粒粉を使った「パン・ペイザン」のアレンジで、ローストしたクルミを30%配合しました。小さなレモン型には、油で揚げたシロップ漬けアーモンドも加えました。ナッツの香りと味が素朴な生地によく合います。

クルミ入り

クルミ＆アーモンド入り

【配合】

◎**クルミ入り**

「パン・ペイザン」の生地……100%

クルミ（ローストして刻んだもの）……30%

◎**クルミとアーモンド入り**

「クルミ入りパン・ペイザン」の生地……100%

アーモンド（シロップ漬けを低温で揚げたもの）……12.5%

【工程】

● **発酵時間**

27～28℃・75%　60分　パンチ　60分　パンチ　60分

※クルミは1回目のパンチ時に混ぜ込む。アーモンドは2回目のパンチ時に混ぜ込む。

● **分割・丸め**

◎**クルミ入り**

250g

◎**クルミ＆アーモンド入り**

72g

● **ベンチタイム**

20～25分

● **成形**

◎**クルミ入り**

フィセル型に成形し、クープを斜めに10本入れる。

◎**クルミ＆アーモンド入り**

レモン型に成形し、クープを中心に1本入れる。

● **ホイロ**

27～28℃・75%　60～70分

● **焼成**

窯入れ前と窯入れ後に蒸気を入れ、上火250℃・下火220℃でクルミ入りは30分、クルミ＆アーモンド入りは20分。

工程の考え方とポイント

● **クープは成形時に入れる**

クープを入れるタイミングは、ホイロ後だとクルミやアーモンドに引っかかってクープがきれいに入らないので、成形直後に行なう。

▶39ページの手順写真7

● **アーモンドの食感を活かす**

アーモンドはシロップ漬けを揚げて生地に練り込むが、最初に生地に混ぜ込んでしまうとシロップが溶け出てしまうので、パンチ時に混ぜる。

▶39ページの手順写真8

写真左がクルミ入りのパン・ペイザンの生地に低温で揚げたシロップ漬けアーモンドを練り込んだパンの断面。右はクルミ入りパン・ペイザンです。

◎クルミ入り

パンチをしながらクルミを練り込む

ミキシング

発酵時間

1

ミキシングを終えた生地をバットにとり、150℃でローストしたクルミを対生地30％のせ、発酵をとる。

2

1回目のパンチで、カードで生地を下から折り返す。

3

全体にクルミが混ざるようにカードでざっくりと全体を混ぜ合わせる。

4

2回目のパンチは、生地を軽く三つ折りにする。全体にクルミが入っているかを確認する。

◎クルミとアーモンド入り

成形

発酵時間

5

250gに分割した生地はベンチタイム後に叩き、手前から3分の1、奥から3分の1折り込み、半分に折って転がして棒状にする。

6

水を含んだ布巾の上で生地を転がしてから、ライ麦粉を全体につけて、表面をならす。

7

布取りし、クープを10本入れてホイロをとる。ホイロ後だとクルミに引っかかって切りにくいので、このタイミングで入れる。

8

2回目のパンチ時にアーモンドを折り込み混ぜる。発酵時間終了後、72gに分割し、ベンチタイムの後でレモン型に成形。

ルヴァン種を使った軽いタイプのライ麦パン

ライ麦パン特有の酸味が苦手な人にも、食べやすいと感じてもらえるライ麦パンを目指しました。サワー種ではなく、小麦粉のルヴァン中種を使うのが特徴です。ライ麦粉は45%配合しています。

【配合】

◉ルヴァン中種

グリストミル……10%
メールダンゲル……25%
ルヴァン初種（50ページ参照）……5%
水……19%

◉本捏ね

ビリオン……10%
リスドオル……35%
メールダンゲル……20%
生イースト……1.7%
天塩……2%
パート・フェルメンテ……10%
水……50%

配合の考え方とポイント

●サワー種ではなく、ルヴァン中種を使って食べやすいライ麦パンを作る。
●ライ麦粉はタンパク含有量が少ないので、酸性の中種を入れて粘度を上げ、弾力のある内部構造のパンになるようにする。
●中種の酸で生地が締まり過ぎないように、パート・フェルメンテを加えて生地の構造を保つ。
●パンの骨格を作るような強力粉・ビリオンを配合する。

生地の目はある程度詰まっていますが、びっしりと詰まっている、という訳ではありません。少し気泡は残っている状態です。

【工程】

◉ルヴァン中種

●ミキシング

L3分　M2分　MH30秒
ミキシング後、手で捏ねて丸める。
捏ね上げ温度：24℃

●発酵時間

20℃前後　16～18時間
十字に切れ目を入れ、ラップをかけて空気穴を開ける。

◉本捏ね

●ミキシング

L5分　M1～1分30秒
捏ね上げ温度：24℃

●発酵時間

ビニールをかぶせて10～15分

●分割・丸め

750gと450g

●ベンチタイム

5～10分

●成形

なまこ型(750g·450g)と丸型(450g)に成形して、バヌトンに入れる。

●ホイロ

27～28℃·75%　50～60分

●焼成

なまこ型・大は横にクープを4本、なまこ型・小はクープを横に2本、丸型はクープを十字に入れ、その間にさらに4本のクープを入れる。窯入れ前に蒸気を少し、窯入れ後にたっぷりの蒸気を入れ、上火260～270℃・下火230℃で5分、上火220～230℃・下火200℃に下げて25～35分。

工程の考え方とポイント

●ルヴァン中種はしっかりと発酵させる

ルヴァン中種はかなり硬いので、台の上で少し捏ねながら丸める。十字に入れた切れ目がこれ以上開かない、という感じになるまでしっかりと発酵させる。
▶42～43ページの手順写真4～5参照

●本捏ねのミキシングは短めに

ミキシング終了の見極めは、つながった感じではないが、ツヤが出たような生地の状態。
▶43ページの手順写真6～8参照

●生地は締めない

分割して丸める時も、成形する時も、生地を締めると切れやすくなるので注意する。
▶42ページの手順写真9～12参照

●焼成時はまず生地の表面を糊化させる

生地のグルテンが少ないので、蒸気がある窯だと生地が伸び続けて、表面が切れたり、裂けたりする。最初に生地の表面を糊化して固めたところで蒸気を抜き、温度を下げてじっくりと焼く。

◉ルヴァン中種

種は硬いのでミキシング後に手で捏ねる

ミキシング

発酵時間

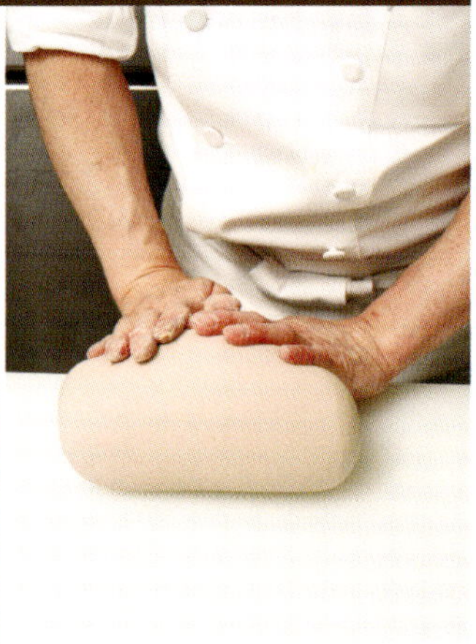

1

仕込み水の中にルヴァン初種をちぎって入れる。ミキサーボウルに小麦粉とライ麦粉を入れ、水とルヴァン種を加えてミキシング。

2

ミキシング終了の中種。中種はかなり硬くて、ようやくまとまった状態。捏ね上げ温度は24℃。

3

台の上に中種を移して、手で少し捏ねて丸める。ミキシング終了時よりも少しなめらかな状態になる。

4

ボウルに丸めた中種を入れて、十字に切れ目を入れる。ラップをして、空気穴を少し開け、20℃前後で一晩おく。

生地を締めないように分割・成形する

分割・丸め

成形

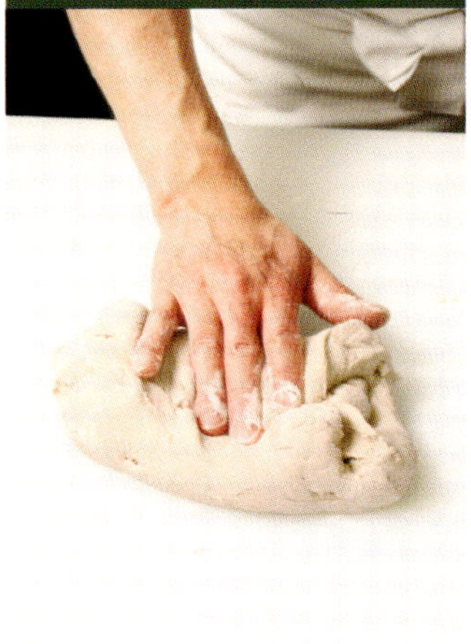

◉なまこ型（大）

◉丸型

9

750gと450gに分割する。丸める時は締めると切れてしまうので、片手でくるりと回しながら、表面が少し張るくらいまで丸める。

10

表面を下にしてベンチタイムをとり、成形に入る。バヌトン全体にライ麦粉80%とコーンスターチ20%を合わせた粉を振る。

11

生地はあまり締めず、上から軽く押して、向こうから折り込みながら転がして、なまこ型に成形する。

12

丸型は、台の上で丸めるのではなく、生地を手に取り、軽く丸め直す。

◉本捏ね

生地はボソッとした状態

ミキシング

5

発酵した中種。切れ目の部分が開いていて、これ以上大きくならない、という状態まで発酵していればよい。なめると甘酸っぱい。

6

ミキサーボウルに2種類の小麦粉とライ麦粉を入れ、パート・フェルメンテと中種をちぎって入れる。

7

塩と生イーストはそれぞれ仕込み水の一部で溶かしておき、ミキサーボウルに加える。6分〜6分30秒ほどミキシングする。

8

あまりミキシングしないので、生地はそんなにまとまらない。生地にビニールをかぶせて、室温に10〜15分ほどおいておく。

13

丸型はバヌトンの中に生地のとじ目を上にして入れる。上からとじ目を軽く押して、表面を平らにする。

14

なまこ型もとじ目を上にして、バヌトンに入れる。

ホイロ

15

ホイロ後は、生地が盛り上がった状態になっている。丸めや成形時に生地を締めてしまうと、この段階で表面が切れることがある。

焼成

16

なまこ型・大は4本のクープを、丸型は十字にクープを入れた後、その間に1本ずつ、計6本のクープを入れて焼成する。

ルヴァン種を使ったライ麦粉75%のライ麦パン

ライ麦粉を75%配合した、独特のねっちりとした食感と重たさが好きな人には堪らないライ麦パン。サワー種ではなく、小麦粉をほんの少し配合したルヴァン中種で作れないかと開発しました。もっちり、しっとりするようにα化種を併用するのがポイント。表面のガザガザ模様も魅力です。

【配合】

◉ルヴァン中種

ビリオン	5%
メールダンケル	35%
ルヴァン初種（50ページ参照）	8%
水	21%

◉α化種

グリストミル	10%
メールダンケル	10%
熱湯	24%

◉本捏ね

ビリオン	10%
メールダンケル	30%
天塩	2%
生イースト	1.6～1.8%
水	28%
ルヴァン中種	全量
α化種	全量

配合の考え方とポイント

- モチッとした食感になるように、熱湯で粉をα化させる種を使う。
- 小麦粉は25%しか配合しないので、生地をつなげるためにタンパク含有量の多いビリオンを配合する。
- ライ麦の配合が多くなるほど、酸性の生地が必要となる。

【工程】

◉ルヴァン中種

●ミキシング

L3分　M2分
捏ね上げ温度：24℃

●発酵時間

20℃前後　16～18時間
十字に切れ目を入れ、ラップをかけて空気穴を開ける。

◉α化種

●ミキシング

本捏ね前にミキサーでM2～3分

◉本捏ね

●ミキシング

L5分　M2分
捏ね上げ温度：25℃

●発酵時間

5～10分

●分割・丸め

600g

●ベンチタイム

5～10分

●成形

なまこ型
水を塗って、ライ麦粉をまぶす。

●ホイロ

27～28℃・75%　50～60分

●焼成

窯入れ前に蒸気を少し、窯入れ後にたっぷりの蒸気を入れ、上火260～270℃・下火230℃で5分、上火220～230℃・下火200℃に下げて25～35分。

工程の考え方とポイント

●α化種は手早く作る
α化種を作る際は、捏ね上げ後が65℃以上ないとα化しないので、ミキサーボウルは温め、手早くミキシングする。また、粉に対して熱湯を120%加えるが、でんぷんが糊化するので、しゃばしゃばにはならない。
▶46ページの手順写真4参照

●ミキシングは軽くする
ライ麦粉75%配合なので、ミキシングは軽く行なう。ミキシング終了の目安は、生地にツヤが出た状態。
▶47ページの手順写真5～7参照

●生地は締めない
分割して丸める時も、成形する時も、生地を締めると切れやすくなるので注意する。
▶46ページの手順写真9～12

●表面に特徴的な模様を出す
表面のガサガザとした特徴的な模様は、生地を締めないからこそ生まれる自然な表情。ホイロの途中で生地の表面をならすことで、焼成後によりきれいなひび割れが出る。
▶47ページの手順写真15～16参照

そんなにボリュームは出ない、目の詰まった断面です。本捏ねに小麦粉が多いと、表面はあまりひび割れなくなります。

◉ルヴァン中種

ミキシング

1

仕込み水の中にルヴァン初種をちぎって入れる。ミキサーボウルに小麦粉とライ麦粉を入れ、水とルヴァン種を加えてミキシング。

発酵時間

2

台の上にルヴァン中種を移して、手で少し捏ねて丸める。十字に切れ目を入れる。ラップをして、空気穴を開ける。

3

20℃前後で一晩おいて発酵させた状態。切れ目の部分が開いて、これ以上大きくならない、という状態まで発酵していればよい。

◉α化種

ミキシング

4

ミキサーボウルを温め、小麦粉とライ麦粉と熱湯を入れて、ミキシングする。粉に対して熱湯を120％入れるが、そばがき状態になる。

分割・丸め

9

600gに分割する。生地をよせては叩く、という工程を繰り返して丸めるが、とにかく締めない。

10

分割後、生地を丸めた状態。表面はボソボソしているが、粘りがあるのがわかる。

生地を締めないように成形する

成形

11

生地を押して、手前からと奥からと3分の1ずつ折り込む。

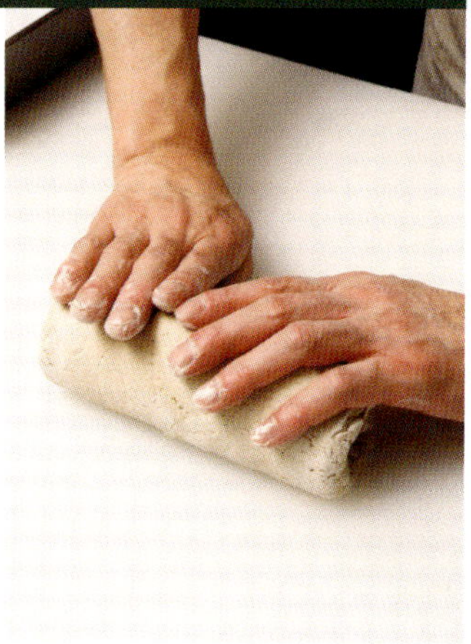

12

半分に折りたたんで、生地を転がす。締めないことがポイント。この工程により、焼成後のパンの表面がひび割れする。

◉本捏ね

ミキシングしてもなかなかつながらない

ミキシング

発酵時間

5

ミキサーボウルに小麦粉とライ麦粉を入れ、ルヴァン中種とα化種をちぎりながら入れる。

6

塩と生イーストを別々に仕込み水で溶かし、ミキサーボウルに入れる。ミキシングを開始する。

7

小麦粉が25%しか入っていないので、ミキシングしてもつながってこない。様子を見て、中速を入れる。

8

ライ麦粉が多い分、生地はまとまらず粘土状態。生地にビニールをかぶせて、室温に10～15分ほどおいておく。

自然なひびを作る

ホイロ

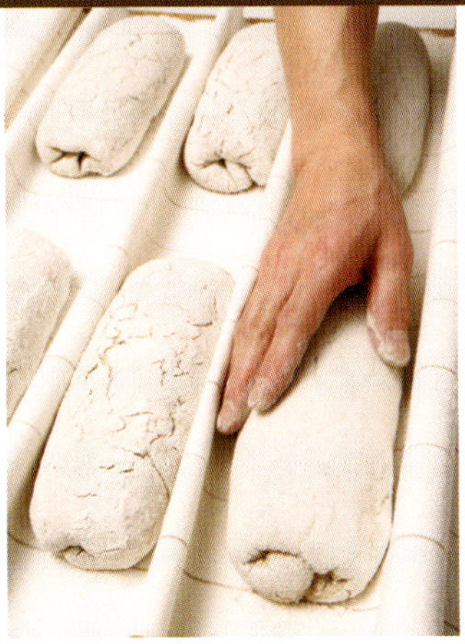

13

塗れた布巾の上で転がしてから、ライ麦粉を全体につける。

14

とじ目を下にして、布取りする。50～60分ホイロをとる。

15

途中、表面にひびが入ってきたら、表面のライ麦粉をさすって、表面をならす。再びひび割れしてくるが、表面をならすのは一回。

16

ホイロ後の生地の状態。表面に入った自然なひび割れで、個性的な焼き上がりになる。クープは入れずに焼成する。

ライ麦粉75%のライ麦パンの生地を使った

ナッツのライ麦パン

生地に対して、ナッツとレーズンが半量入ります。生地の目は詰まっていますが、ナッツとレーズンの効果で、食べにくさは感じません。

「ライ麦粉75%のライ麦パン」の生地に、クルミ、ヘーゼルナッツ、サルタナレーズンを混ぜ込み、表面には白ごまと黒ごま、えごまをつけて焼きました。香ばしくて、食べやすいライ麦パンです。

【配合】

「ルヴァン種を使ったライ麦粉75%のライ麦パン」の生地	100%
クルミ	25%
ヘーゼルナッツ	10%
サルタナレーズン	15%
水	10%
白ごま・黒ごま・えごま	各適量

配合の考え方とポイント

●ナッツが生地の水分を吸ってしまうので、対生地10%量の水を吸水させてから加える。

【工程】

●ミキシング

ミキシング終了の「ルヴァン種を使ったライ麦粉75%のライ麦パン」の生地に、水で浸したナッツとレーズンをカードで混ぜ込む。

●発酵時間

5～10分

●分割・丸め

250g

●ベンチタイム

5～10分

●成形

棒状に成形し、水を塗って、白ごま・黒ごま・えごまをつける。

●ホイロ

27～28℃・75%　45～50分

●焼成

窯入れ前に蒸気を少し、窯入れ後にたっぷりの蒸気を入れ、上火260～270℃・下火230℃で5分、上火220～230℃・下火200℃に下げて25分。

ナッツとレーズンに対生地10%の吸水を

ミキシング

1

ローストしたクルミとヘーゼルナッツ、サルタナレーズンを水に浸し、生地と混ぜる。水を加えないと、ナッツが生地の水分を吸う。

成形

2

棒状に成形するが、生地を締めないようにすることがポイント。

3

生地を塗れた布巾の上で転がしてから、白ごま、黒ごま、えごまを合わせたものを全体につける。

ホイロ

4

ホイロ後の生地。表面にかすかにひびが入っているのがわかる。

ルヴァン初種（ルヴァンシェフ）

ルヴァン初種は、パンの日持ちを考えたり、食感を考えたりする上で、生地の物性の変化や隠し味的に使用します。

【配合と起こし方】

❶アーレファイン（ライ麦全粒粉）
……500g
水……500g
捏ね上げ温度：26℃
発酵：室温（26℃）で24時間

❷アーレファイン……500g
①の種……50g
水……500g
捏ね上げ温度：26℃
発酵：室温（26℃）で24時間

❸リスドオル……500g
②の種……500g
水……125g
捏ね上げ温度：23℃
発酵：室温（26℃）で24時間

❹リスドオル……340g
レジャンデール……80g
グリストミル……80g
③の種……500g
水……250g
捏ね上げ温度：23℃
発酵：室温（23℃）で12時間

❺④と同じ工程を行い、これを終了したものがルヴァン初種となる。

種継ぎについて

【配合と工程】

リスドオル……340g
レジャンデール……80g
グリストミル……80g
ルヴァン初種（左記❺）……500g
水……250g
捏ね上げ温度：23℃
発酵：室温（26℃）で2時間前後
※冷蔵庫（5℃）で一週間保存が可能。

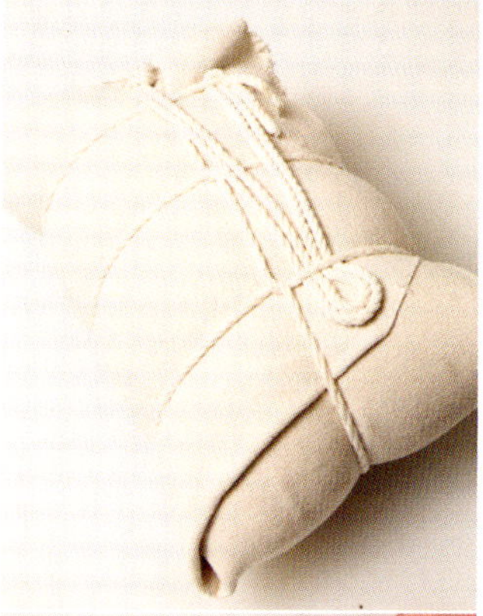

綿の布に包み、細いロープでしっかりと縛り、冷蔵庫で保存する。ロープの張り具合で、発酵・熟成の程度が確認出来る。使用する時に必要な分だけちぎり、再び包んで冷蔵庫で保存。清潔な状態で行なう。

Viennoiseries

ヴィエノワズリー

トラン・ブルーでは、旬のフルーツを使ったヴィエノワズリーにお客様の大きなご支持をいただいております。ヴィエノワズリーというと、個性的な成形や美しい色合いに目がいきがちですが、一番大切にしているのが生地のおいしさ。1個食べたらもう1個、そしてもう1個と手をのばしたくなるような、そんな味を目指しています。

3×3×3のクロワッサン

トラン・ブルーでは、三つ折りを3回する3×3×3のクロワッサン生地でデニッシュを作っています。旬のフルーツや様々な素材との組み合わせが出来るよう、甘みの少ない、塩味ベースの配合にしています。発酵を抑えながら、熟成を進め、酵素の働きで伸びる生地にすることがポイントです。

【配合】

リスドオル	40%
ビリオン	40%
スワッソン	20%
生イースト	4%
グラニュー糖	7.5%
天塩	2.1%
モルト	0.5%
無塩発酵バター	6%
牛乳	20%
水	27%
折り込み用無塩発酵バター	65%

配合の考え方とポイント

●甘みの強いクロワッサンもあるが、この配合は塩味がベースとなる。

●ビリオンでパリッとした食感とクラムのしっとり感を、リスドオルで香ばしさともろい感じを出す。また、スワッソンを配合することで、生地が伸びやすくなる。

●牛乳を使うことで歯切れがよくなる。

●練り込みバターは味や香りをつけるというよりも、生地の伸展性をよくし、ボリュームを出す目的で使う。

【工程】

●ミキシング

L5分
捏ね上げ温度：22.5℃

●大分割・丸め

1670g

●発酵時間

27～28℃・75%　30分

●冷蔵熟成

薄く伸ばし、－20℃で10分ほど生地を締めてから、－5℃の冷蔵庫に一晩入れる。

●折り込み

バターを包み込み、冷却し休ませながら三つ折りを3回する。

●成形

底辺8.5cm×高さ19cm×2.5mm厚の二等辺三角形に切る。三角形の底辺から巻く。

●ホイロ

27～28℃・75%　80分

●焼成

卵を塗り、上火225℃・下火200℃で13分。

工程の考え方とポイント

●ミキシングはつながり始めで終了

シーターを通すことで生地が出来ていくのであまりミキシングに時間をかけないが、生地はつながっていないといけない。ミキシング終了の目安は、生地がつながり始めの段階。

▶54ページの手順写真3参照

●発酵を止めて熟成させる

30分発酵させた生地を－20℃で締めることで、できる限り生地の中心部分まで早く冷やし、発酵を止めたい。その後－5℃で一晩おくことで熟成を進める。

●伸びる生地を作ることが最大のポイント

生地の折り込みを行なう場合、バターが割れないことに考えが集中しがちだが、まず伸びる生地を作ることを優先させる。そのために、バターとともに無理なく伸び、数回の折り込みに耐える生地を作る。

三つ折りを3回する生地は、ある程度のボリュームが出るのが特徴。断面の気泡の大きさにあまり大小はありません。

ミキシングはつながり始めの段階で終了

ミキシング

1

ミキサーボウルに3種類の小麦粉と練り込み用バターを入れて、空回しする(＝サブラージュ)。

2

バターが小麦粉の中に散りばめられたのを確認し、仕込み水で溶かした生イースト、牛乳で溶かした砂糖と塩を加えて回す。

3

折り込みの際、シーターを通ることで生地が出来ていくので、ミキシングは低速5分ほど。生地がつながり始めたらミキシング終了。

大分割・丸め

4

大分割して丸める。きちんと丸めることで、発酵状態が見極めやすくなる。

生地でバターをしっかり包み込む

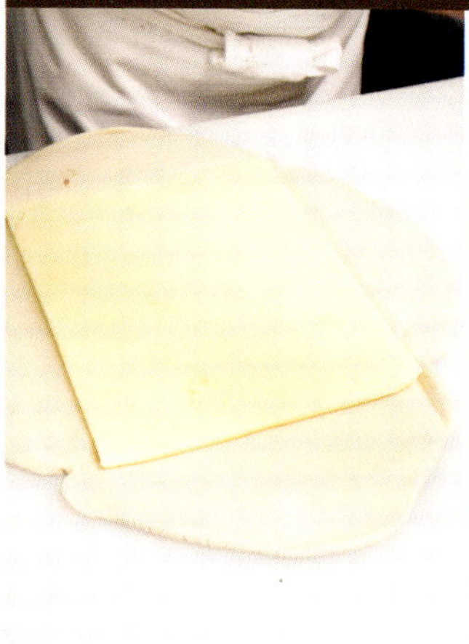

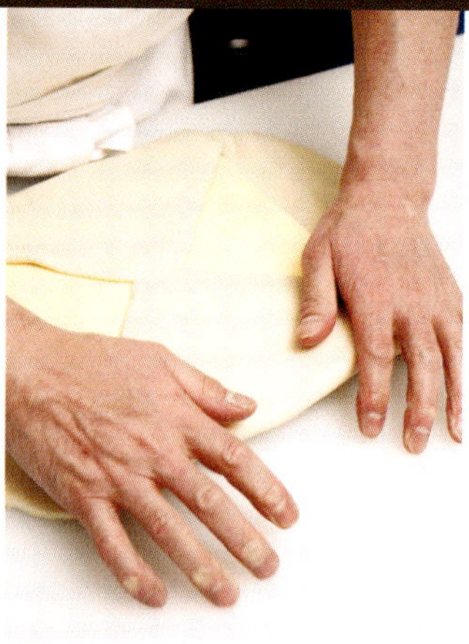

9

折り込みバターの各辺の下の部分の生地を麺棒で薄くしておく。これにより隅々までバターが行き渡る。

10

手前、奥、左右から生地の頂点を中心部分に持ってきて、空気が入らないようにしっかりバターを包み込む。

11

生地をシーターで6㎜厚くらいまで伸ばす。

三つ折り3回で27層に

12

三つ折りにする。最初に左側から生地を3分の1折り込み、麺棒を転がして空気が入らないようにする。同じように右側から折り込む。

発酵時間

5

ホイロに入れて30分ほど発酵をとった生地。

冷蔵熟成

6

発酵を終えた生地をひっくり返し、開き気味のとじ目をしっかりと閉じる。

7

生地をひっくり返して、麺棒で薄く伸ばす。－20℃に10分ほど入れてから、－5℃で一晩冷蔵。

折り込み

8

一晩冷蔵した生地を7㎜ほどに薄く伸ばす。少し休ませ、折り込みバターのサイズに合わせて、生地の四辺を麺棒で押し、生地を薄くする。

13

生地の向きを変え、麺棒を転がして空気が入らないようにしっかりと密着させる。これで三つ折り1回が終わり。

14

生地を－5℃で休ませながら、あと2回三つ折りする。－5℃で最低30分冷してから、7㎜まで伸ばす。10分ほど－5℃で休ませてから目的の厚さに伸ばす。

成形

15

2.5㎜厚に伸ばし、底辺8.5㎝×高さ19㎝の二等辺三角形に切る。頂点を手前におき、奥から巻いて成型する。少し休ませてからホイロに入れる。

焼成

16

生地の中心から両端に向かって、表面だけに卵を塗る。層の部分に塗ると層が立ち上がりにくくなる。上火225℃・下火200℃で13分焼成する。

3×3×3のクロワッサン生地を使った

イチゴのデニッシュ

上に重ねた生地の先は下の生地から少しはみ出すように

成形

1

切り込みを入れた小さな生地に水刷毛し、大きな生地に重ねる。重ねた生地の両端を押す。

2

生地の端をつけたら、切り込み部分が下の生地の両側に重なるように広げる。

3

上に重ねた生地に竹串を使い、ピケする。

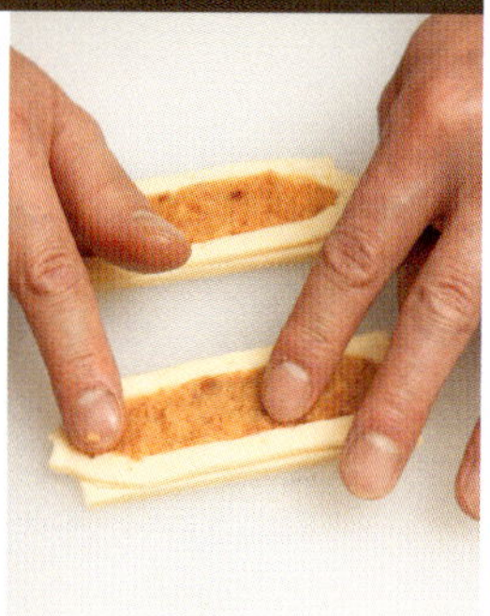

4

アーモンドペーストを平らに敷き詰める。

ホイロ

5

天板に同じ間隔で生地をのせてホイロをとる。生地の層の立ち上がりが少し見えるようになったらホイロ終了。

1月～ゴールデンウィーク頃までのデニッシュ。イチゴは色合いと実の硬さ、そして酸味と甘みのバランスで選んでいます。クレーム・ディプロマットがフレッシュなイチゴのおいしさが引き立てます。

【組み立て】（1個分）

3×3×3のクロワッサン生地 ……4.25cm×10cm×3mm厚と1.75cm×10.5cm×2.5mm厚　各1枚
アーモンドペースト（116ページ参照） ……8g
クレーム・ディプロマット（※） ……18g
イチゴ ……3粒
粉糖／フランボワーズパウダー／ナパージュ（非加熱用）／セルフィーユ

※クレーム・ディプロマット
カスタードクリーム100％に対して、7～8分立ての生クリーム（乳脂肪分18％の生クリームに粉糖6％を加えて立てる）35％、キルシュ2％を加え混ぜる。

【工程】

●成形

1.75cm×10.5cm×2.5mm厚の生地の中心に切れ目を入れておく。水刷毛をし、4.25cm×10cm×3mm厚の生地に重ね、切れ目を広げて張り付け、ピケする。アーモンドペーストを詰める。

●ホイロ

27～28℃・75%　60分

●焼成

卵を塗る。
上火220℃・下火180℃　23分

●仕上げ

対角線状の角に粉糖とフランボワーズパウダーを振る。クレーム・ディプロマットを絞り、半分に切ったイチゴをのせ、ナパージュを塗る。セルフィーユを飾る。

工程の考え方とポイント

●色合いを考えた仕上げ
粉糖にフランボワーズパウダーを合わせることで、色にメリハリをつける。
▶下の手順写真8

●ナパージュの塗り方に工夫を
ナパージュはフルーツ全体に塗ったり、一部に塗ったりすることで、全体のバランスに変化をつけることが出来る。ここでは、先端に塗っている。
▶下の手順写真10

色を重ねて美しく

焼成

6
卵を塗り焼成する。アーモンドペーストを敷いた部分は立ち上がらず、くぼみが出来ている。

仕上げ

7
3cm幅の長方形の型紙を生地に対して斜めにおき、対角線状にある二つの角に粉糖を振る。

8
粉糖を振ったところに、さらに茶漉しでフランボワーズパウダーを振って、アクセントに。

9
クレーム・ディプロマットを平らに絞る。

10
半分に切ったイチゴをのせ、ナパージュをイチゴの先端に塗る。セルフィーユを飾る。

3×3×3のクロワッサン生地を使った

デコポンのデニッシュ

生地を型にぴったりと敷き詰める

フルーツの下処理	成形		ホイロ	焼成

1 シロップ漬けしたデコポンにバーナーで焦げ目をつける。	*2* 型に生地を入れ、指先で型の角に生地を押し付けて、ぴったりと敷き詰める。底をピケする。	*3* アーモンドペーストを敷き詰め、アルミホイルをおき、タルトストーンを入れてホイロをとる。	*4* ホイロをとった後の生地は、底の部分は抑えられているが、両端の生地は膨らんでいる。	*5* 焼成後は四辺が立ち上がった状態。2の作業をきちんと行なうと、きれいに四角く焼ける。

デコポンは焦げ目をつけ、ピスタチオを少し添えて印象を引き締めます。デコポンの酸味が強い時には、カスタードクリームを少し多めにするとバランスがとれます。2月中旬〜3月中旬のデニッシュ。

【組み立て】（1個分）

3×3×3のクロワッサン生地
……8.5cm×8.5cm×2.5mm厚　1枚
アーモンドペースト
（116ページ参照）……8g
チーズクリーム（※1）……18g
デコポンのシロップ漬け（※2）
……スライス4枚
ナパージュ（非加熱用・加熱用）／砕いたアーモンド／粉糖／ピスタチオ／ミントの葉

※1　チーズクリーム
カスタードクリーム（116ページ参照）100%に対して、クリームチーズ50%とサワークリーム33%を混ぜる。

※2　デコポンのシロップ漬け
グラニュー糖100%と水100%でシロップを作り、冷めたらその総量に対して20%のコアントローを加えた中に、皮をむき、縦に4等分、横に4等分したデコポンを一晩漬け込む。

【工程】

●成形

5cm×10.5cm×高さ4.5cmの型に生地を入れてピケし、アーモンドペーストを敷き詰め、タルトストーンをのせる。

●ホイロ

27〜28℃・75%　60分

●焼成

上火215℃・下火190℃　23分

●仕上げ

2箇所の頂点に非加熱用ナパージュを塗ってアーモンドをつけ、粉糖を振る。チーズクリームを絞り、バーナーで焦げ目をつけたデコポンをのせ、加熱用ナパージュを塗る。ピスタチオとミントの葉を飾る。

工程の考え方とポイント

●立体感を出すための仕上げ
デコポンは小さめのスライスを両端に、中心部分の2枚は大きめのものを使うことで、デコポンが山状になってきれいに見える。
▶下の手順写真10参照

フルーツの甘さに応じて
クリームの味を調整

仕上げ

6

両端の背の高い頂点の2箇所に非加熱用ナパージュを少し塗る。

7

砕いたアーモンドの中に、6の生地をひっくり返して入れて、アーモンドをつける。

8

アーモンドをつけていない二辺に、茶漉しで粉糖を振る。

9

酸味はほどよいが、濃厚なチーズクリームを絞り入れる。

10

デコポンを奥に傾けるように4枚のせ、加熱用ナパージュを塗る。端にピスタチオを添え、ミントの葉を飾る。

3×3×3のクロワッサン生地を使った

パイナップルとココナッツのデニッシュ

濃厚なクリームを合わせる

成形

ホイロ

焼成

1

1.5cm×10cmの生地を半分に折り、中央に切れ目を入れる。全体に水刷毛する。

2

1の両端を6.5cm角の生地の対角線状の角におき、切れ目を広げて生地をくっつける。

3

生地がまっすぐ(垂直)に立ち上がるように4箇所をピケする。ココナッツクリームを詰める。

4

ホイロを60分とった状態の生地。重ねた生地がずれることなく、立ち上がっている。

5

表面に卵を塗る。汁を切った薄切りパイナップルを2枚ずつくらいのせる。

7月初旬～8月いっぱいまで作る、爽やかな夏のデニッシュです。パイナップルは熟す前の少し酸味があるものを選んだ方が黄色い色が鮮やかに出て、濃厚なパイナップルのクリームとよく合います。

【組み立て】（1個分）

3×3×3のクロワッサン生地 ……6.5cm×6.5cm×3mm厚と1.5cm×10cm×2.5mm厚　各1枚
ココナッツクリーム（※1）……8g
パイナップルのクリーム（※2）……18g
パイナップル（※3）……スライス2枚と角切り25g
粉糖／ナパージュ（加熱用）／タイム

※1　ココナッツクリーム
ココナッツファイン100％、無塩バター100％、粉糖100％に対して、卵90％、薄力粉10％、バニラビーンズ（バター1kgに対して1本）を混ぜ合わせる。

※2 パイナップルのクリーム
パイナップルのカスタードクリーム100％に対して、7～8分立ての生クリーム（乳脂肪分18％の生クリームに粉糖6％を加えて立てる）35％を加え混ぜる。パイナップルのカスタードクリームは、116ページのカスタードクリームの作り方を参考にしながら、次の配合で作る。卵黄20％、グラニュー糖20％、生クリーム（乳脂肪分45％）50％、パイナップルピューレ50％、クレームプードル8％、無塩バター1％。

※3　パイナップル
200℃のオーブンに薄切りは4～5分、角切りは10分前後入れて、水分を飛ばす。

【工程】

●成形

1.5cm×10cm×2.5mm厚の生地の中心に切れ目を入れておく。水刷毛し、6.5cm×6.5cm×3mm厚の生地に重ね、切れ目を広げて張り付け、ピケする。ココナッツクリームを詰める。

●ホイロ

27～28℃・75％　60分

●焼成

卵を塗り、パイナップルのスライスをのせる。
上火220℃・下火180℃　23分

●仕上げ

粉糖を振り、パイナップルのクリームを絞ってパイナップルの角切りをのせる。ナパージュを塗り、タイムを飾る。

工程の考え方とポイント

●パイナップルの甘みを凝縮させる

パイナップルはフレッシュをそのまま使うのではなく、200℃のオーブンで水分を飛ばしてから使うことで、甘みが凝縮する。また、薄切りは焼き込み用、角切りは仕上げ用と2種類の使い方をしてパイナップルのおいしさを楽しませる。

▶60ページの手順写真5と下の手順写真9参照

パイナップルは水分を飛ばして使う

仕上げ

6
23分ほど焼いた状態。クリームを詰めるくぼみがきちんと出来ている。

7
生地の上に3cm幅の細長い型紙をおき、粉糖を振る。

8
パイナップルのクリームを絞り入れる。

9
パイナップルの角切りをこんもりと盛る。

10
ナパージュをパイナップル全体に塗る。タイムを飾る。

3×3×3のクロワッサン生地を使った

ピオーネのデニッシュ

成形

1

56ページの要領で生地を重ねるが、下の生地の対角線状に上の生地の両端をもってくる。

ホイロ

2

アーモンドペーストを敷き詰め、ホイロを60分ほどとった生地。

焼成

3

卵を塗り、上火220℃・下火180℃で23分ほど焼く。

仕上げ

4

4㎝×10㎝の型紙を斜めにおき、両サイドに粉糖を振る。

8月の最終週〜10月下旬にかけて作る、ぶどうのデニッシュです。ぶどうは粒が大きくて、種のないピオーネをシロップ漬けにして使います。"ぶどうつながり"で、白ワインクリームを合わせています。

【組み立て】(1個分)

3×3×3のクロワッサン生地
……4.5cm×10cm×3mm厚と1.75cm×11cm×2.5mm厚　各1枚
アーモンドペースト
(116ページ参照)……8g
白ワインクリーム(※1)……20g
ピオーネのシロップ漬け(※2)
……2粒
粉糖／ナパージュ(加熱用)／レモンピール／オレンジピール／セルフィーユ

※1　白ワインクリーム
カスタードクリーム100%に対して、生クリーム(乳脂肪分45%)に6%の粉糖を加えて立てたものを17.5%、白ワイン8%、サワークリーム6.5%を混ぜる。辛口の白ワインを使うとおいしくできる。

※2　ピオーネのシロップ漬け
グラニュー糖100%と水100%でシロップを作り、冷めたらその総量に対して10%のレモン汁を加えた中に、皮をむいたピオーネを一晩漬ける。

【工程】

●成形

1.75cm×11cm×2.5mm厚の生地の中心に切れ目を入れておく。水刷毛し、4.5cm×10cm×3mm厚の生地に対角線状に重ね、切れ目を広げて張り付け、ピケする。アーモンドペーストを詰める。

●ホイロ

27〜28℃・75%　60分

●焼成

卵を塗る。
上火220℃・下火180℃　23分

●仕上げ

粉糖を振り、白ワインクリームを絞る。半分に切ったピオーネをのせ、ナパージュを塗る。レモンピール、オレンジピール、セルフィーユを飾る。

工程の考え方とポイント

●フルーツが活きる成形を
生地の成形が「イチゴのデニッシュ」とよく似ているが、「ピオーネのデニッシュ」は、大きな生地に対して小さな生地を斜めに重ねている点が異なる。これにより、斜めにピオーネを盛ることができ、正面から見てもピオーネの断面が全て見える。
▶62ページの手順写真1参照

全てのピオーネが正面から見えるように

5
白ワインクリームを絞り入れる。

6
皮をむいて半分に切ったピオーネを、正面から全てが見えるように意識しながらのせる。

7
ナパージュを手前と奥のピオーネと、それぞれの間に塗って、ピオーネ同士をくっつける。

8
レモンピールとオレンジピールを見栄えよく重ねて、セルフィーユを飾る。

3×3×3のクロワッサン生地を使った

和栗のデニッシュ

成形

1

60ページの手順1～2の要領で成形し、アーモンドペーストを敷き詰める。

ホイロ

2

60分ホイロをとった生地の状態。

焼成

3

卵を塗り、上火220℃・下火180℃で23分焼成する。クリームを詰めるためのくぼみがきちんと出来ている。

仕上げ

4

3.5cm幅の長い型紙を生地の上におき、粉糖を両サイドに振る。

和栗の濃厚なおいしさを存分に味わっていただくデニッシュです。揚げた素麺をいがに見立て、栗のイメージを表現します。金箔を少々飾ることで、豪華な印象を高めます。9月中旬から作ります。

【組み立て】(1個分)

3×3×3のクロワッサン生地
……………………6cm×6cm×3mm厚と
1.75cm×9.5cm×2.5mm厚　各1枚
アーモンドペースト
(116ページ参照)……………………8g
和栗のクリーム(※)……………………25g
栗の渋皮煮……………………1個
粉糖/ナパージュ(栗の渋皮煮のシロップを煮詰めたもの)/素揚げした素麺/金箔

※和栗のクリーム
和栗ペースト100%に対して、生クリーム(乳脂肪45%)を40%加え、シロップ(水100g、グラニュー糖125g)2～3%で固さを調整する。

組み立ての考え方とポイント

●栗のデニッシュの場合はフルーツ系のナパージュの味が合わないので、栗の渋皮煮のシロップを煮詰めたものを代わりに使用する。

【工程】

●成形

1.75cm×9.5cm×2.5mm厚の生地の中心に切れ目を入れておく。水刷毛し、6cm×6cm×3mm厚の生地に対角線状に重ね、切れ目を広げて張り付け、ピケする。アーモンドペーストを詰める。

●ホイロ

27～28℃・75%　60分

●焼成

卵を塗る。
上火220℃・下火180℃　23分

●仕上げ

粉糖を振り、和栗のクリームを絞って、半分に切った栗の渋皮煮をのせる。ナパージュを塗り、素麺を刺して、金箔を飾る。

工程の考え方とポイント

●少しの工夫でイメージ通りの仕上げに

揚げた素麺で栗のいがを表現する。中央部を高く扇形に広げることで、製品にやわらかさを持たせる。
▶下の手順写真8参照

栗をイメージして仕上げる

5
和栗のクリームを絞り入れる。

6
半分に切った栗の渋皮煮を前後に少しずらしてのせる。

7
渋皮煮のシロップを煮詰めた熱々を栗全体に塗る。

8
5cm長さに切って揚げた素麺を5本刺して扇形に広げる。栗の上に金箔を飾る。

4×4のクロワッサン

4つ折り2回で16層にする

折り込み

1

バターの長い辺の下の部分の生地を麺棒で薄くして、奥と手前から生地でバターを包み込む。

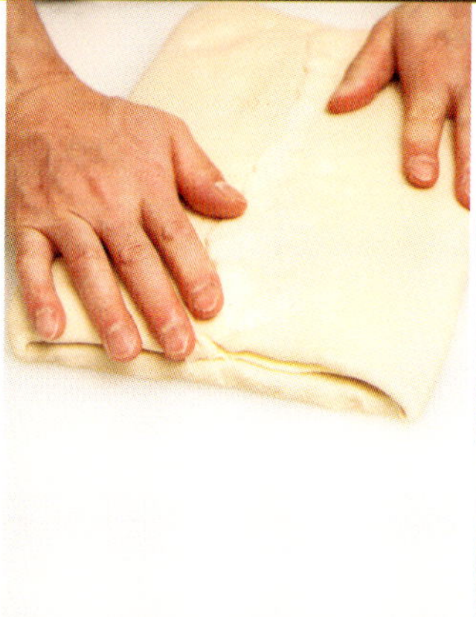

2

ここでは観音包みにする。生地の上下からバターが見えるが、そのままシーターに通す。

3

5㎜厚さに伸ばし、両サイドから4分の1ずつ中心に折り込む。

4

指をさしているとじ目にバターがあるので、きちんと閉じることによってバターと生地が輪の状態になる。

配合と折り込み以外の工程は3×3×3のクロワッサンと同じですので、53 ～ 55ページを参考になさってください。これは四つ折りを2回します。層がはっきり出て、ザクザクッとした食感が特徴です。

【配合】

スワッソン	50%
ビリオン	30%
レジャンデール	20%
生イースト	4%
グラニュー糖	10%
天塩	2.2%
モルト	0.3%
無塩発酵バター	12%
水	39%
パート・フェルメンテ	10%
無塩発酵バター（折り込み用）	60%

3×3×3のクロワッサン生地よりも膜が厚くて、気泡も大きいです。内相の色も黄色っぽいのが特徴。

配合の考え方とポイント

●生地自体にバターの味と香りを活かす目的で、練り込みバターの配合が多い。そのため水のみで仕込む。乳製品を仕込み水に使用する効果は、バターの多さで十分に対応できる。

●生地を伸ばしやすくするために、灰分の多い3種類の小麦粉を使う。

●パート・フェルメンテ（発酵を3時間とったフランスパン生地）を使うことで、生地が伸びやすく、折り込みの作業がしやすくなる。

【工程】

●ミキシング

L5分
捏ね上げ温度：22.5℃

●大分割・丸め

1770ｇ

●発酵時間

27～28℃・75%　30分

●冷蔵熟成

薄く伸ばし、－20℃で10分ほど生地を締めてから、－5℃の冷蔵庫に一晩入れる。

●折り込み

バターを包み込み、冷却し休ませながら四つ折りを2回する。

●成形

底辺8.5㎝×高さ19㎝×2.5㎜厚の二等辺三角形に切る。三角形の底辺から巻く。

●ホイロ

27～28℃・75%　80分

●焼成

卵を塗り、上火225℃・下火200℃で13分。

5
生地と生地の間に空気が入らない様に、軽く麺棒をかける。

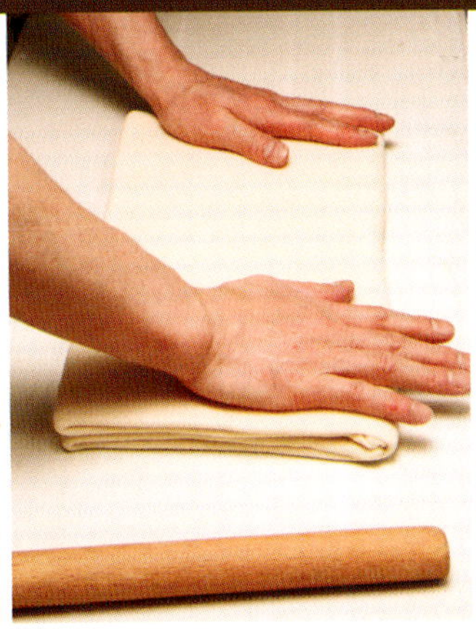

6
半分に折って生地をぴったりと重ねる。これで四つ折りが1回終了する。少し冷蔵庫で休ませる。

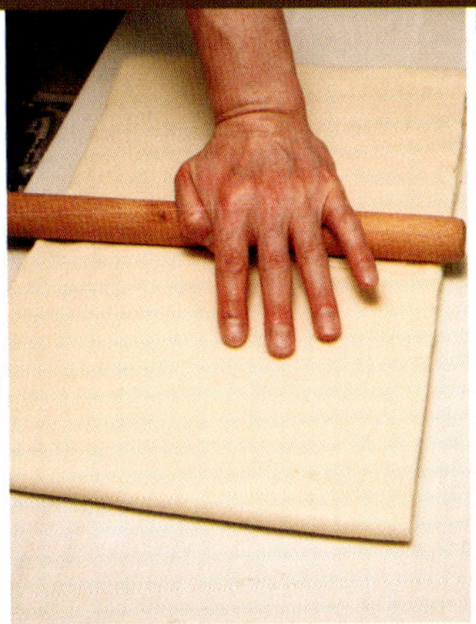

7
同じように四つ折りをもう一回する。

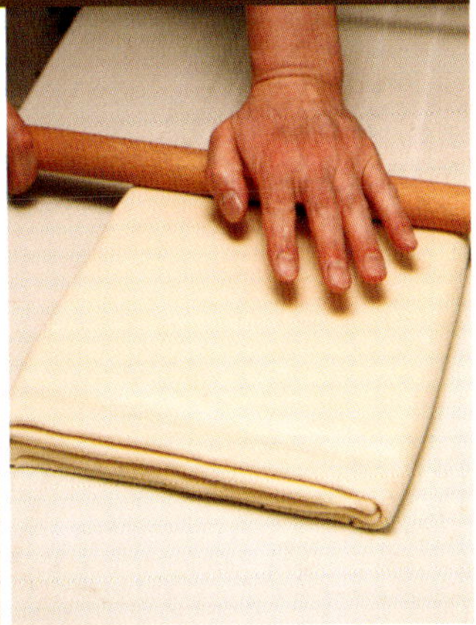

8
生地の四辺の少し内側をずれないように麺棒で押して、折り込みの完成。

4×4のクロワッサン生地を使った

パン・オ・ショコラ・エ・オ・ポワブル

チョコレートと黒胡椒の組み合わせは、ボンボンショコラからヒントを得ました。チョコレートの苦味と甘み、そして黒胡椒のピリッとした辛味がクロワッサン生地とよく合います。大人の味わいです。

【組み立て】(1個分)

4×4のクロワッサン生地
……7.5cm×9cm×3mm厚　1枚
黒胡椒……少々
チョコレート……バトン2本
ピンクペッパー……6粒

【工程】

●**成形**

生地に水を塗り、黒胡椒とチョコレートをのせて、手前から巻く。クープを3本入れる。

●**ホイロ**

27～28℃・75%　60分

●**焼成**

クープにピンクペッパーを入れる。卵を塗り、上火220℃・下火190℃で15分。

成形

1

生地に水刷毛し、奥から3分の1くらいのところに黒胡椒を適量のせる。

2

黒胡椒の上にチョコレートのバトンを2本おく。チョコレートは苦味のあるものが合う。

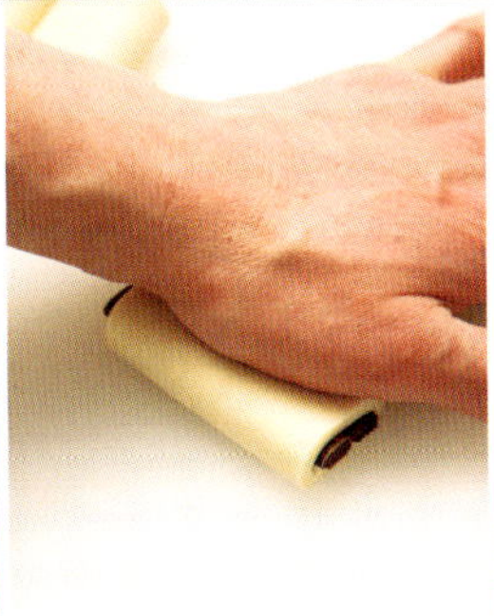

3

手前の生地を奥に折りたたみ、奥の生地を手前に折りたたむ。ひっくり返して軽く押す。

4

クープを斜めに3本入れて、ホイロを60分ほどとる。

焼成

5

1本のクープにピンクペッパーを2粒ずつのせて、卵を塗って焼成する。

4×4のクロワッサン生地を使った

アメリカンチェリーのデニッシュ

チョコレートの苦味がほどよいアクセントに

成形

1

三角形の頂点に水を塗り、少し内側に2粒ずつチョコレートチップをおく。

2

頂点から中心部分に向かって生地を折り込む。頂点部分が中心でくっつくようにする。

3

生地がくっついている中心に粉をつけた麺棒を当て、ぎゅっと押さえて少しくぼみを作る。

ホイロ

4

タルトレット型に生地を入れて、70～80分ほどホイロをとる。

焼成

5

卵を塗り、アーモンドペーストを中心部分にのせ、その上にカスタードクリームを絞る。

アメリカンチェリーはキルシュ風味のシロップ漬けとフレッシュの2種類を用意。シロップ漬けは焼き込んで、フレッシュは飾りに使って、味の変化を楽しんでいただきます。5月半ば～7月初旬の一品。

【組み立て】（1個分）

4×4のクロワッサン生地 ……一辺11.75cm×2.5mm厚の正三角形　1枚
チョコチップ……6粒
アーモンドペースト（116ページ参照）……8g
カスタードクリーム（116ページ参照）……18g
アメリカンチェリーのシロップ漬け（※）……3粒
アメリカンチェリー……1粒
ナパージュ（加熱用）／粉糖

※アメリカンチェリーのシロップ漬け
グラニュー糖50%と水100%でシロップを作り、冷めたらその総量に対して30%のキルシュを加える。キルシュ風味のシロップに、種を抜いたアメリカンチェリーを一晩漬ける。

【工程】

●成形

生地の頂点3箇所に水を塗り、チョコチップをおく。頂点から中心に向かって折り込み、中心部分を麺棒で抑える。7.5cmのタルトレット型に入れる。

●ホイロ

27～28℃・75%　70～80分

●焼成

卵を塗り、中心部分にアーモンドペーストを詰める。その上にカスタードクリームを絞り、アメリカンチェリーのシロップ漬けをのせる。
上火220℃・下火200℃　20分

●仕上げ

ナパージュを塗り、粉糖を振る。枝付きのフレッシュのアメリカンデェリーをナパージュに浸し、中央にのせる。

工程の考え方とポイント

●型に入れてホイロをとる
生地が型崩れしないように、タルトレット型に入れてホイロをとる。
▶70ページの手順写真4参照

●見栄えよく仕上げる
ホイロをとる際、生地の向きを同じにして天板にのせる。こうすることでアメリカンチェリーをのせる時に、どの生地にも同じような配置にすることが出来て美しい。また、アメリカンチェリーを押さえて出来るカスタードクリームのはみだし具合を同じにすると見栄えがよくなる。
▶下の手順写真6参照

フルーツは焼き込みとフレッシュを併用

6
アメリカンチェリーのシロップ漬けを3個のせる。種を抜いた穴は上に出さない。焼成する。

仕上げ

7
チェリーとチェリーの横の生地にナパージュを塗る。

8
型紙をのせ、粉糖を振る。

9
ナパージュにフレッシュのアメリカンチェリーをさっと浸し、中央に飾る。

4×4のクロワッサン生地を使った

ルバーブとイチゴのデニッシュ

ルバーブの酸味をイチゴとイチゴパウダーで調節

フルーツの下処理

1

細かく切ったルバーブとイチゴにグラニュー糖を入れて、さっと混ぜ合わせる。

2

ザルに上げて、水分を切る。イチゴパウダーを加えて混ぜ合わせる。

成形

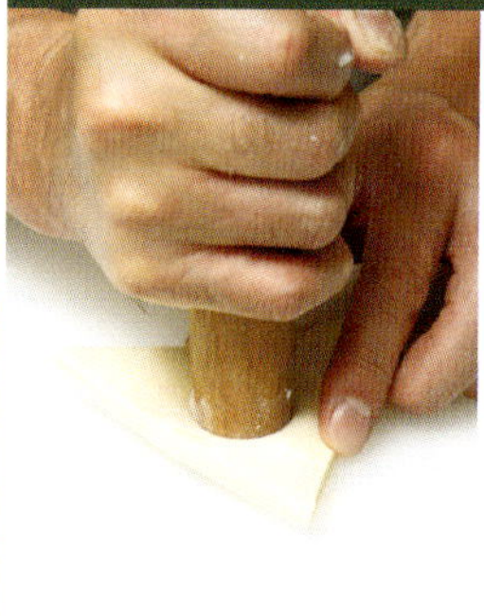

3

正三角形の生地の中心に、粉をつけた麺棒を当て、ぎゅっと押さえてくぼみを作る。

4

天板に同じ間隔で生地をおく。生地同士の間隔があまり狭くならないようにする。

ホイロ

5

60分ホイロをとった状態。4と比べると、生地が立ち上がり、層が見え始めている。

三角形の独創的な成形と仕上げで独自性を出しました。ルバーブとイチゴとパイナップルのクリームの組み合わせです。店では「アン・ドゥ・トロワ」という商品名で、6月～7月初旬に販売しています。

【組み立て】(1個分)

4×4クロワッサン生地
……一辺10.5cm×5mm厚の正三角形　1枚
アーモンドペースト
(116ページ参照)……8g
パイナップルのカスタードクリーム
(61ページ参照)……15g
ルバーブとイチゴのマリネ(※1)
……20g
残り生地で作ったトライアングル
(※2)……1個
ナパージュ(加熱用)／粉糖

※1　ルバーブとイチゴのマリネ
細かく切ったルバーブ100%に対して、同じく細かく切ったイチゴ85%を合わせ、40%のグラニュー糖を加え混ぜる。水分を切って、イチゴパウダーを適量混ぜる。

※2　残り生地で作ったトライアングル
クロワッサンなどの余った生地を三角形に切り、三角の抜き型で抜いて形づくる。焼成している途中で粉糖を振り、キャラメル色にする。

【工程】

●成形

生地の中心部分を麺棒で押して、くぼみを作る

●ホイロ

27～28℃・75%　60分

●焼成

卵を塗り、アーモンドペーストを詰める。パイナップルのカスタードクリームを絞り、ルバーブとイチゴのマリネをのせる。
上火220℃・下火180℃　20分

●仕上げ

ナパージュを塗り、粉糖を振る。残った生地で作ったトライアングルにも粉糖を振って飾る。

工程の考え方とポイント

●立体感のある仕上がりに
ルバーブとイチゴのマリネをクリームの上に盛る際、パイナップルのクリームの縁ギリギリまでは盛らない。それにより焼成時にこぼれ落ちることなく、クリームの黄色い縁取りができる。
▶下の手順写真7参照

オリジナリティ溢れる成形に

焼成

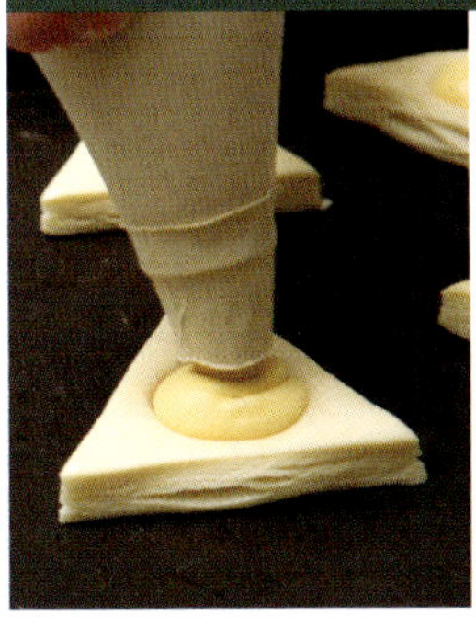

6
卵を塗り、アーモンドペーストをのせ、パイナップルのカスタードクリームを絞り入れる。

7
ルバーブとイチゴをクリームの上にのせる。その際、クリームの縁ギリギリまでのせない。焼成する。

仕上げ

8
焼成後、3箇所の頂点以外の生地、ルバーブとイチゴのマリネにナパージュを塗る。

9
三角形の型紙をおき、3箇所の頂点に粉糖を振る。

10
頂点の3箇所に粉糖を振ったトライアングルを重ねる。

4×4のクロワッサン生地を使った

ブルーベリーのデニッシュ

生地を麺棒で押してくぼみを作る

成形

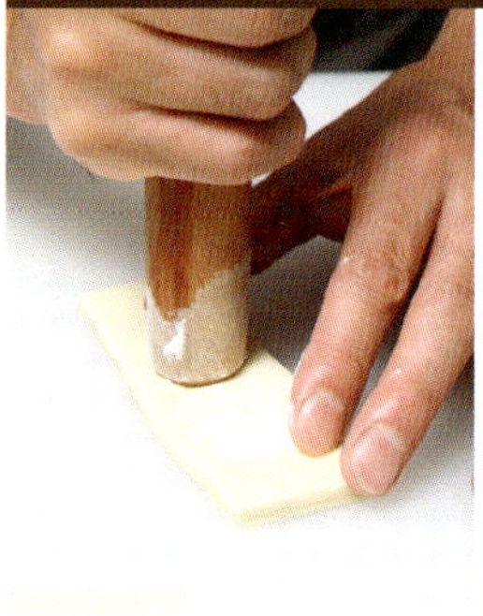

1

生地の上に粉をつけた麺棒を当てて押し、少しずつずらしながら、くぼみを長めに作る。

2

生地が膨らんだ時のことを考慮に入れて、天板に間隔を開けて生地を並べる。

ホイロ

3

ホイロをとった後の生地。生地は立ち上がっていて、くぼみもきちんと残っている。

焼成

4

生地のくぼみの中に、アーモンドペーストを敷き詰める。

5

卵を塗り、上火220℃・下火180℃で23分焼成する。生地の層がしっかりと出ている。

甘酸っぱい地元・清見産のブルーベリーをふんだんに使い、チーズクリームを合わせました。仕上げはナパージュではなく、ジュレを線状にかけて個性を演出。7月中旬～8月中旬くらいに作ります。

【組み立て】(1個分)

4×4のクロワッサン生地
……4cm×12.5cm×4mm厚　1枚
アーモンドペースト
(116ページ参照)……8g
チーズクリーム(※1)……20g
ブルーベリー……14個
ブルーベリーのジュレ(※2)／粉糖／ミントの葉

※1　チーズクリーム
カスタードクリーム(116ページ参照)100%に対して、クリームチーズ50%とサワークリーム30%を混ぜ合わせる。

※2　ブルーベリーのジュレ
ブルーベリーのシロップ煮の汁400gを120gになるまで煮詰める。これを漉して、ナパージュ360gと合わる。

【工程】

●成形

生地に麺棒を当て、少しずつずらしながら中央部分にくぼみを作る。

●ホイロ

27～28℃・75%　60分

●焼成

アーモンドペーストを詰め、卵を塗る。
上火220℃・下火180℃　23分

●仕上げ

チーズクリームを絞り、ブルーベリーをのせる。ブルーベリーのジュレをかけ、粉糖を振り、ミントの葉を飾る。

工程の考え方とポイント

●ブルーベリーの大小を使い分ける

両サイドにのせるブルーベリーは小さなサイズを、中央部分にのせるものは大きなサイズを使う。のせる時は花弁を外に向けると見栄えがよくなる。

▶下の手順写真7～8参照

ブルーベリーは花弁を外に向けてのせる

仕上げ

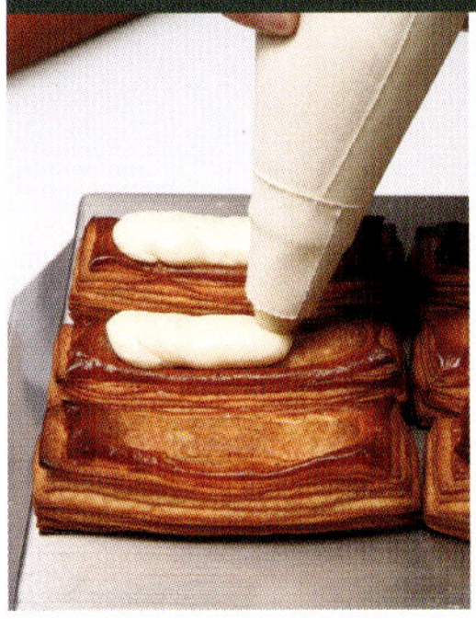

6

チーズクリームを絞る。ブルーベリーの酸味によって、クリームの味は調整する。

7

ブルーベリーをのせる。両サイドは小さめのサイズを選んでのせる。一列に5粒使う。

8

小さいサイズの間に大きなサイズを4粒のせる。全て花弁を外側に向けてのせている。

9

対角線状にある2箇所の生地の角に粉糖を振る。ブルーベリーにも少しかかるくらい。

10

ブルーベリーのジュレを細い線を描きながらブルーベリーにかける。ミントの葉を飾る。

4×4のクロワッサン生地を使った
桃のデニッシュ

成形

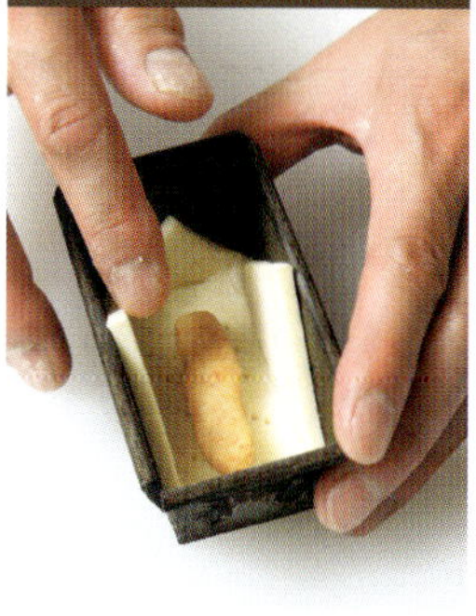

1

58ページの手順2～3と同じ要領で型に生地を敷き、アーモンドペーストを詰める。

仕上げ

2

ホイロをとり、上火215℃・下火190℃で23分焼成し、2箇所にナパージュを塗る。

3

砕いたアーモンドの中に、2の生地をひっくり返して入れて、アーモンドをつける。

4

アーモンドをつけていない二辺に、茶漉しで粉糖を振る。

トラン・ブルーの数ある季節のデニッシュの中で、最も人気があります。桃はいろいろな産地のものを使いながら7月上旬から作り始ますが、お盆の頃になると地元産のみずみずしい桃が登場します。

【組み立て】(1個分)

4×4のクロワッサン生地
……8.5cm×8.5cm×2.5mm厚　1枚
アーモンドペースト
(116ページ参照)……8g
クレーム・ディプロマット(※1)
……28g
桃のシロップ漬け(※2)……3切れ
ナパージュ(非加熱用・グレナデンシロップ入り)／アーモンド／粉糖／セルフィーユ

※1　クレーム・ディプロマット
カスタードクリーム100%に対して、8分立ての生クリーム(乳脂肪分18%の生クリームに粉糖6%を加えて立てる)35%を合わせる。

※2　桃のシロップ漬け
グラニュー糖120gとレモン汁100gで作ったシロップの中に、湯むきした7等分にした桃を一晩漬ける。

【工程】

●成形

型に生地を入れてピケし、アーモンドペーストを敷き詰め、タルトストーンをのせる。

●ホイロ

27～28℃・75%　60分

●焼成

上火215℃・下火190℃　23分

●仕上げ

2箇所の頂点にナパージュを塗ってアーモンドをつけ、粉糖を振る。クレーム・ディプロマットを絞り、桃をのせる。グレナデンシロップ入りナパージュを塗り、セルフィーユを飾る。

桃は生地に対して垂直にのせる

5

クレーム・ディプロマットを絞り入れる。

6

桃のシロップ漬けを生地に対して、垂直に立てるようにして、3切れのせる。

7

桃の正面にあたる部分にだけナパージュを塗る。側面には塗らない。セルフィーユを飾る。

4×4のクロワッサン生地を使った

リンゴとクルミのデニッシュ

リンゴとクルミに、たっぷりのバニラシュガーと有塩バターをのせて焼成します。弱火でじっくりと焼くことで生地がキャラメリゼされ、カリカリした食感に。10月初旬～2月くらいの一品です。

【組み立て】(1個分)

4×4のクロワッサン生地 ……7cm×8cm×4mm厚　1枚
焼いたリンゴ(※1) ……2切れ
生のクルミ ……5g
バニラシュガー(※2) ……5g
有塩バター ……8g

※1　焼いたリンゴ
リンゴは厚めにスライスし、溶かしバターを塗り、グラニュー糖を振る。200℃のオーブンで13～16分焼く。

※2　バニラシュガー
グラニュー糖1kgに、種をしごいたバニラビーンズ4本をさやごと入れて混ぜる。

【工程】

●成形

生地の中心部分とその周りを麺棒で押して、くぼみを作る

●ホイロ

27～28℃・75%　60分

●焼成

くぼみ以外に卵を塗り、リンゴと生のクルミをのせる。バニラシュガーを振り、バターをのせる。
上火180℃・下火170℃　30分

●仕上げ

粉糖を振る。

工程の考え方とポイント

●焼成時に生地をキャラメル化する

焼成した時にキャラメリゼ状態にするために、バニラシュガーを全体にしっかりと振り、バターを分量通り使う。バニラシュガーは生地の上だけでなく、その周辺にもかけることで、生地にキャラメルが付着する。

▶下の手順写真4参照

カリカリの食感に

成形

1
四角形の生地の中心に、粉をつけた麺棒を当て、ぎゅっと押さえてくぼみを作る。

ホイロ

2
60分ほどホイロをとった生地。生地が立ち上がっても、くぼみはきちんと残っている。

焼成

3
くぼみ以外に卵を塗り、リンゴ2切れをのせ、その上と周りに砕いたクルミをのせる。

4
たっぷりのバニラシュガーを振る。生地の周りにバニラシュガーがこぼれてもよい。

5
有塩バターをのせ、上火180℃・下火170℃で30分ほど焼成する。

クロワッサンのカットロスを使った
サレ

クロワッサン生地のカットロスを活用しました。カットロスを集めてエダムチーズを包み込み、三つ折りを2回。生地を一度棒状に切ってくっつけることで、クロワッサンとは違ったサクサク感が出ます。トッピングもワインに合うような食材を選びました。

ジャコの唐辛子入りトマトソース&バジルソース

イチジクと生ハム

サラミとチーズ

オイルサーディンとエスカルゴバター

ジャコのレモンマヨネーズ

【組み立て】

◉生地

クロワッサン生地のカットロス……100%
エダムチーズ……25%

◉トッピング

◎イチジクと生ハム
揚げたバゲット／生ハム／イチジク／セルフィーユ

◎ジャコのレモンマヨネーズ
揚げたバゲット／レモンマヨネーズ／揚げたジャコ／三つ葉

◎ジャコの唐辛子入り トマトソース＆バジルソース
揚げたバゲット／唐辛子入りトマトソース＆バジルソース／揚げたジャコ／あさつき

◎サラミとチーズ
揚げたバゲット／トマト＆バジルソース／ミニトマト／グリュイエールチーズ／モッツアレラチーズ／サラミ／バジル

◎オイルサーディンと エスカルゴバター
揚げたバゲット／あさつき／オイルサーディン／パセリ入りパン粉／エスカルゴバター（25ページ参照）

【工程】

●折り込み

折り込みの手順は3×3×3のクロワッサン生地と同じで（54～55ページ参照）、三つ折りを2回する。

●成形

生地を6～7㎜厚、縦幅20cmになるように伸ばし、1cm幅に切る。表面に水を塗り、カット面を上に向け、5本ずつと3本ずつ、それぞれ生地を合わせてくっつける。5本合わせのものを4等分（ほぼ4.5cm角）に、3本合わせのものを5等分（ほぼ3cm角）に切る。少し休ませて、5本合わせのものは8cm×11cmに、3本合わせのものは65.cm×9cmの長方形に伸ばす。口径9cmと7cmのタルトレット型に敷き込み、少し休ませてから発酵をとらずに焼成する。

●焼成

タルトストーンをのせて、上火180℃・下火170℃で25分。窯入れして、15分後にタルトストーンをはずして焼成する。

●仕上げ

◎イチジクと生ハム
イチジクを湯通しして、氷水にとり、適当な大きさに切る。小さな生地にバゲットを敷き、生ハムとイチジクをのせ、セルフィーユを飾る。

◎ジャコのレモンマヨネーズ
小さな生地にバゲットを敷き、レモンマヨネーズをのせ、揚げたジャコを盛り、三つ葉を飾る。

◎ジャコの唐辛子入り トマトソース＆バジルソース
小さな生地にバゲットを敷き、唐辛子入りトマト＆バジルソースをのせ、揚げたジャコを盛り、あさつきを散りばめる。

◎サラミとチーズ
大きな生地にバゲットを敷き、トマト＆バジルソース、半分に切ったミニトマトをのせ、グリュイエールチーズ、サラミ、モッツァレラチーズをのせる。上火190℃で10分焼き、冷めたらバジルを飾る。

◎オイルサーディンと エスカルゴバター
大きな生地にバゲットを敷き、適当な長さに切ったあさつきとオイルサーディンをのせ、パセリ入りパン粉をかけて、エスカルゴバターをのせる。上火190℃で10分焼く。

エダムチーズを包み込む

折り込み

1

クロワッサン生地のカットロスを固めて四角く伸ばし、バターの折り込み時と同様に、麺棒で生地を4箇所押す。エダムチーズをのせる。

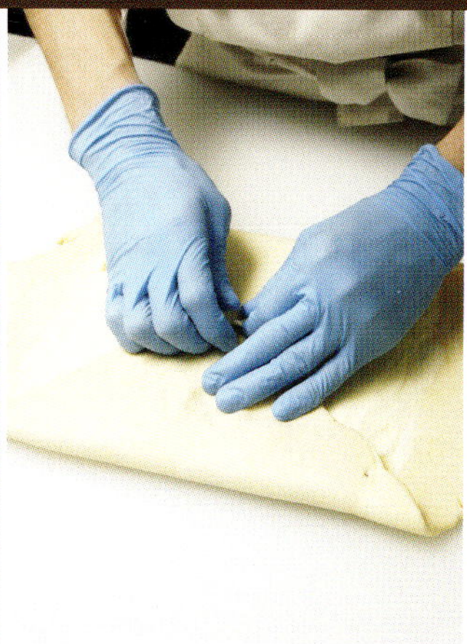

2

最初に奥と手前から、続いて左右から4箇所の頂点が生地の中心にくるように生地を折り、チーズをしっかりと包み込む。

3

しっかりと包み込んだら、生地をシーターに通す。生地の方向を変えながら6㎜厚まで伸ばし、三つ折りする。冷蔵庫で少し休ませて、もう一度三つ折りする。

成形

4

休ませておいた生地を6～7㎜の厚さ、縦20㎝に伸ばし、1㎝幅に切る。表面に水を塗り、カットした断面を上に向けて、大は5本、小は3本くっつける。

仕上げ

◎イチジクと生ハム

9

生地に揚げたバゲットを敷き、生ハムと湯通ししたイチジクをのせ、セルフィーユを飾る。

◎ジャコのレモンマヨネーズ

10

生地に揚げて砕いたバゲットを敷き、レモンマヨネーズをのせる。レモンマヨネーズはマヨネーズにレモンの皮を加えたもの。

11

低温で香ばしく揚げたジャコをのせて、三つ葉を飾る。

◎ジャコの唐辛子入り
トマト&バジルソース

12

生地に揚げて砕いたバゲットを敷き、唐辛子入りトマト&バジルソースをのせ、揚げたジャコを盛り、あさつきを散らす。

棒状の生地をくっつけて伸ばす

焼成

5
くっつけた生地を大は4等分に、小は5等分に切る。少し休ませる。

6
生地を長方形に伸ばす。チーズの層と同じ方向を少し長く伸ばす。そうすることで焼成の際、正方形に近づく。

7
タルトレット型に生地がたるまないように敷き込む。少し休ませる。

8
タルトストーンをのせて25分焼く(15分後に取る)。生地を裏返して底を見ると、チーズの層が見える。

◎サラミとチーズ

◎オイルサーディンとエスカルゴバター

13
生地に揚げて砕いたバゲットを敷き、唐辛子入り入りトマト＆バジルソースをのせ、ミニトマトとグリュイエールチーズをのせる。

14
サラミとモッツァレラチーズをのせ、190℃で10分焼いて、バジルを飾る。

15
生地に揚げて砕いたバゲットを敷き、あさつきとオイルサーディンをのせる。

16
パセリ入りのパン粉をかけ、エスカルゴバターをのせ、上火190℃で10分焼く。

デリス

ブリオッシュ生地にバターを折り込む手法はありますが、さらにその生地にクリームを巻き込んで型焼きする点が特徴です。生地は小麦粉70%の中種法を採用しているので本捏ねミキシング時間が短くて済む分、バターと卵の香りが活きています。視覚的なスタイリッシュさも追求しました。

デリス・オ・マロン

デリス・オ・シトロン

デリス・ピスターシュ

デリス・キャフェ

【配合】

◉中種

ビリオン……50%
スワッソン……20%
生イースト……0.3%
天塩……0.3%
卵黄……30%
全卵……10%
牛乳……15%

◉本捏ね

トラディショナル　フランセーズ……30%
生イースト……4.2%
グラニュー糖……10%
蜂蜜（ラベンダー）……7%
天塩……2%
無塩発酵バター……60%
牛乳……15%
折り込み用無塩発酵バター……生地に対して15%

配合の考え方とポイント

●バターと卵の味を活かすために、極力ミキシングの時間を短くしたい。そのために、小麦粉70%の中種法は有効である。

●中種に使用するビリオンは生地の骨組みを作る目的で使用。また、中種に使用することでしっかりと吸水させる。ビリオン、スワッソン共、酵素を働かせるために中種に使用する。

●中種に塩を使用するのは、種に卵が入るので腐敗を防ぐ目的と、発酵の進み過ぎを防ぐため。

●本捏ねに蜂蜜を使うことで、生地に保湿性が出る。

●本捏ねのトラディショナルフランセーズは、小麦としての甘みが出るので使っている。

◉フィリングと仕上げ（約380gの生地に対して）

◎デリス・オ・シトロン

アーモンドペースト（116ページ参照）……160g
レモンのコンフィ……40g
アンズジャム（※1）／シート状のホワイトチョコレート／マンゴーパウダー／粉糖

◎デリス・オ・マロン

マロンクリーム（※2）……200g
アンズジャム（※1）／シート状のビターチョコレート／コーヒーの粉末／粉糖／栗のシロップ煮／金箔

◎デリス・ピスターシュ

ピスタチオクリーム（※3）……160g
グリオットチェリーのシロップ漬け……40g
アンズジャム（※1）／シート状のピスタチオチョコレート（ホワイトチョコレートに10%のピスタチオペーストを合わせたもの）／ピスタチオパウダー／粉糖

◎デリス・キャフェ

コーヒークリーム（※4）……200g
アンズジャム(※1)／シート状のコーヒーのチョコレート（ホワイトチョコレートに5%の粉末コーヒーを合わせたもの)／粉糖／粉末コーヒー(食べるコーヒー)

※1　アンズジャム
アンズジャムに少し水を加え、火にかけて煮詰める。

※2　マロンクリーム
アーモンドペースト（116ページ参照）100%に和栗ペースト200%、栗のシロップ煮60%を合わせる。

※3　ピスタチオクリーム
アーモンドペースト（116ページ参照）100%にピスタチオペースト20%を合わせる。

※4　コーヒークリーム
アーモンドクリーム100%にカトルカール（各116ページ参照）のくず60%、コーヒー液（インスタントコーヒーを同量の熱湯で溶かす）12%、粉末コーヒー（食べるコーヒー）1.5%を合わせる。

【工程】

◉中種

●ミキシング

L3分　M3分
捏ね上げ温度：22℃

●発酵時間

22℃　12～13時間

◉本捏ね

●ミキシング

L3分　M3分　MH8分　↓（バター）　MH3分　M2分
捏ね上げ温度：24℃

●発酵時間

27～28℃・75%　50～60分

●大分割・丸め

1kg

●冷却

－20℃に入れて、－5℃に移して一晩。中心部分と端の部分の温度差をなくすため、1～2回折る。

●折り込み

バターを包み込み、四つ折り×三つ折りする。

●成形

生地を幅39cm強、長さ70cm近く、厚さ2mmに伸ばし、幅を三等分に切って、細長い生地にする。クリームは4回に分けて絞る。まず奥と手前に2本棒状に絞り、生地を巻き込む。再度同じように2本絞って巻き込み、ハート型にする。4等分にして、幅4.5cm×長さ20cm×高さ4cmの長方形の型に入れる。

●ホイロ

27～28℃・75%　40分

●焼成

蓋をして、上火190℃・下火190℃で20分。

●仕上げ

焼成後すぐに熱いアンズジャムを塗って冷ます。シート状のチョコレートをのせて、粉糖やパウダーで模様をつける。

工程の考え方とポイント

●バターを投入するタイミングに注意

中種の効果で、生地が早くまとまりやすい。バターを投入するタイミングの見極めに注意する。

▶88ページの手順写真6参照

●中種によりミキシング時間を短縮

この生地は中種を使うことで、本捏ねでのミキシング時間を短縮できる。通常、ブリオッシュ生地の場合、バターを投入できる状態になるまでに長めのミキシングが必要となることが多いが、この手法だとバターを投入するタイミングも早くできる。

●素材の味が残る生地づくり

終点に近づいた中種を冷蔵保存して本捏ねに使うと、ミキシングしても生地の温度が上がらないという効果が生まれる。それにより、バターや卵といった素材の味が残る利点がある。

●生地と折り込みバターの硬さに気を配る

バターを折り込む際には、生地とバターを同じくらいの温度帯にして行うことが基本。しかしながら、ブリオッシュ生地はバターの配合が多いので、冷すとすぐに硬くなるため、生地とバターの硬さに特に注意する。

▶89ページの手順写真14～16参照

デリス・オ・マロン

デリス・オ・シトロン

デリス・ピスターシュ

デリス・キャフェ

小麦粉70%配合の中種法

◎中種

ミキシング

1

ミキサーボウルに卵黄と全卵、牛乳、塩を入れてから、生イーストと小麦粉を入れ、ミキシングする。

2

ミキシングが終了した状態。中種は硬くてしっかりとしている。密閉容器に入れて、発酵をとる。

発酵時間

3

中種が発酵して、使える状態になった写真。写真のように容器の周りの種が少し落ちていれば、本捏ねに使用できる。

◎本捏ね

ミキシング

4

ミキサーボウルに蜂蜜と牛乳を合わせたもの、グラニュー糖、塩を入れてホイッパーで溶かす。生イーストと小麦粉を入れてミキシングを開始。

9

非常にやわらかいのが特徴。表面をなめらかにするように丸め、バットにのせる。

発酵時間

10

60分ほど発酵をとった状態。フィンガーテストをして、生地が戻ってこなければ発酵はOK。

分割・丸め

11

1kgに分割する。分割したら丸めて表面をはらせ、空気を抜くように叩いて生地を薄くする。

冷却

12

生地にビニールをかけて、最初に−20℃の冷蔵庫に入れる。その後−5℃に移して、一晩冷却する。

5

中種以外で少しミキシングし、中種をちぎりながら入れていく。

6

生地が写真程度まとまった状態が、バターを入れるタイミング。中種の効果により、生地のまとまりが早く見えるが、生地のつながり具合には注意が必要。

7

中高速のままバターをちぎりながら一気に投入。中種を使うことで、通常のブリオッシュ生地よりも早めにバターの投入が可能になる。

8

ミキシング終了の状態。生地を引っ張ると、写真くらいの薄い膜ができる。やわらかいが、しっかりとした強さがある。

ブリオッシュ生地にバターを練り込む

折り込み

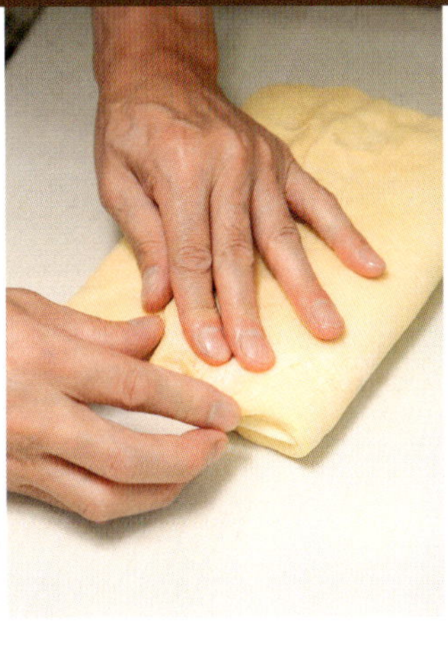

13

冷却途中で、冷えた生地を少しフカフカしているところ（発酵している）に重ねるように折る。これを1～2回行い、均等に冷やす。

14

クロワッサン生地と同じ要領（66～67ページの手順写真1～8参照）で、バターがあたる生地を麺棒で押し、バターをのせる。

15

手前、奥からと生地を折り込み、生地が重なった部分をはがれないようにしっかりとくっつける。

16

5㎜厚まで伸ばし、四つ折りを1回、さらに6㎜厚まで伸ばして三つ折り1回する。

◎デリス・オ・シトロン

成形

17

生地を幅39cm×長さ70cm×2mm厚近くに伸ばす。これを幅13cmほどの3本に切り分ける。

18

生地を横長におく。手前と奥の縁から1cmほどの内側にクリームを40gずつ絞る。その上にレモンのコンフィを10gずつのせ、それぞれ包み込むように巻く。

19

さらにクリームを手前と奥に40gずつ絞り、その上にレモンのコンフィを10gずつのせる。18と同じ作業を繰り返す。

20

片側に水を塗って生地を折る。同じ力加減にして、太さと幅を揃えることが大切。

洋菓子を意識した個性的な仕上げ

21

生地を四等分にして、内径が4.5cm×19.5cm×高さ4cmの長方形の型に入れる。生地をぴったり入れるため、型をトントンと上から軽く落とす。

ホイロ

22

40分ほどホイロをとる。生地が型の半分から少し上くらいまできていれば、発酵は完了。蓋をして焼成する。

仕上げ

23

焼き上がったら、熱いアンズジャムを上部と側面に塗る。アミにのせて生地を冷ます。

24

ホワイトチョコレートをのせる。ジグザグに切り込みが入った型紙をのせてマンゴーパウダーを振り、少し型をずらして粉糖を振る。

◎デリス・オ・マロン

成形 / **仕上げ**

1
クリームを巻き込む手法はシトロンと同じ。和栗を使ったクリームを使う。

2
ビターチョコレートをのせ、長方形に抜いた型紙を斜めにおき、粉糖を。

3
型を少しずらして型紙を重ね、コーヒーの粉を振ってグラデーションに。

4
奥に栗のシロップ煮をのせて、金箔を飾る。

◎デリス・ピスターシュ

成形 / **仕上げ**

1
ピスタチオクリームとグリオットチェリーでシトロンと同様に生地を巻く。

2
ピスタチオチョコレートをおき、丸い穴のある型紙をおく。

3
丸い穴にピスタチオパウダーをスプーンでのせ、平らに広げる。

4
型紙を少しずらして、粉糖を振る。

◎デリス・キャフェ

成形 / **仕上げ**

1
生地にコーヒークリームを絞り、シトロンと同様に巻く。

2
コーヒーチョコレートをのせる。長方形に抜いた型紙を斜めにおき、粉糖を。

3
型紙を手前にずらして、コーヒーの粉末を振る。

4
型紙を取ると、グラデーションになっている。

ノルマンド

牛乳や生クリームなどを配合したパン・オ・レの生地に、バターを折り込んで超リッチにしました。中に包んだ無塩バターとバニラシュガーが焼成中に生地から沸き出し、キャラメル化します。

【配合】

◉生地

ビリオン……60%
スワッソン……40%
生イースト……3%
グラニュー糖……8%
天塩……1.5%
全卵……12%
モルト……0.3%
無塩発酵バター……20%
生クリーム（乳脂肪分18%くらい）……10%
コンデンスミルク……18%
牛乳……20%
水……18〜20%
折り込み用発酵バター……生地に対して20%

◉フィリング（1個分）

有塩バター……8g
バニラシュガー（78ページ参照）……小さじ1弱
シロップ（※）……適量

※シロップ
水100gに対してグラニュー糖125gで作る。

配合の考え方とポイント

●ビリオンは生地の骨組み形成とボリュームを出すために使用。ボリュームは出したいが、フカフカして味の薄い生地にしたくないので、スワッソン（フランス産小麦）を配合して、伸びを若干抑える。
●生クリームを加えることでコクが出て、しっかりとした焼き色がつく。
●コンデンスミルクを加えることでミルキーな味を出す。

【工程】

●ミキシング

L3分　M7分　↓（バター）
M7〜8分
捏ね上げ温度：27〜28℃

●発酵時間

27〜28℃・75%　　70〜80分

●冷却

−20℃の冷凍庫で固めて、−5℃の冷凍庫へ移動。生地を四角くして、折り込みができるまで冷却する。

●折り込み

バターを包み込み、三つ折りを2回する。

●成形

生地を35cm×50cm×3mm厚に伸ばして、7.5cm×10cm×3mm厚に切る。有塩バターとバニラシュガーを包み、クープを8本入れる。

●ホイロ

27〜28℃・75%　70分

●焼成

卵を塗る。
上火200℃・下火170℃　17〜18分

●仕上げ

熱いうちにシロップを塗る。

工程の考え方とポイント

●ミキシングは早く終える
副材料の味を損なわないためにも、ミキシングを早く終える必要がある。バターは中速ミキシングのまま、ちぎりながら一気に投入する。
▶94ページの手順写真1〜3参照

パン・オ・レ生地を作る

ミキシング

発酵時間

1

ミキサーボウルに小麦粉とグラニュー糖、塩を入れる。バター以外の材料を加えて、ミキシングを開始する。

2

10分ほどしたら、中速のままバターをちぎりながら一気に入れる。

3

ミキシングが終了した生地の状態。生地を左右に引っ張ると、よく伸びて、きれいな膜が出来ている。

4

70分ほど発酵をとる。生地はおよそ2～2.5倍に膨らむ。

バターとバニラシュガーをたっぷりと

成形

9

冷やして、休ませた生地を35cmまで幅出しをし、最終厚3.5mmまで伸ばす。少し休ませてから、7.5cm×10cmにカットする。

10

生地の奥の縁から1cmのところに水を塗り、接着面を作る。

11

手前に細長く切った有塩バターをおき、バニラシュガーをたっぷりとのせる。

12

とじ目が真ん中にくるように手前からしっかりと巻き、水を塗った部分で生地をとめる。

バターを折り込んで贅沢な味わいに

冷却

5

余分なガスを抜き、－20℃で固めてから－5℃の冷凍庫に入れて休ませる。折り込みが出来る状態まで冷やす。

折り込み

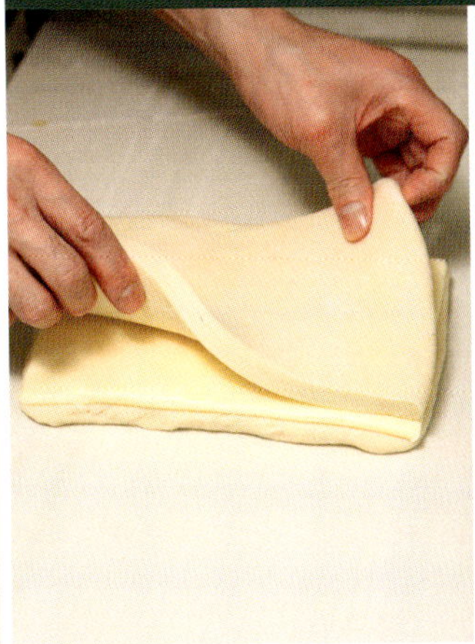

6

バターとの大きさと同じ大きさに生地を半分に切り、バターを挟む。

7

重ねた時に横からバターが出てきても気にせずにシーターに通し、6㎜厚まで伸ばす。

8

生地を三つ折りにする。三つ折りは2回するが、伸びやすい生地なので、そんなに休ませなくても続けて折り込むことが出来る。

13

クープを深めに8本入れる。深めに入れるのは、ホイロ後に、切れ目から生地の層が見えるようにしたいため。

ホイロ

14

少し休ませてからホイロをとる。時間は70分ほど。サイドからバターがはみ出ていてよい。

焼成

15

水を少し入れた卵を表面に塗る。17～18分ほど焼く。バターと砂糖が生地から出てきて、これにより生地がキャラメリゼされる。

仕上げ

16

生地にテリを出すために、熱いうちにシロップを表面にたっぷりと塗る。

ノルマンドの生地を使った
コキーユ

バターを折り込んだパン・オ・レ生地を巻いて端から切り、楕円形に伸ばしてクリームやフルーツを包んで成形することで、貝殻のような形に。表面に出る独特の層とサクサクとした食感が特徴です。

【組み立て】(2種類を1個分ずつ)

「ノルマンド」の生地 ……35gの楕円形を2枚

- カスタードクリーム(116ページ) ……25g
- コアントローのシロップに漬けたオレンジ ……2房

- チョコレートカスタードクリーム(※1) ……25g
- ブランデー漬けのグリオットチェリー ……2粒

シロップ(※2)/粉糖

※1　チョコレートカスタードクリーム
カスタードクリーム(116ページ参照)100%に、湯せんしたビターチョコレート25%を混ぜ合わせる。

※2　シロップ
水100gに対してグラニュー糖125gで作る。

【工程】

●成形

冷やして休ませた95ページの手順8の生地を35cm×50cm×3mm厚に伸ばし、全体に水を塗って、手前から巻く。端から切って35gにカットする。口径12cmの楕円形に伸ばし、ひとつにはカスタードクリームとコアントローのシロップに漬けたオレンジ、もうひとつにはチョコカスタードクリームとブランデー漬けのグリオットチェリーをそれぞれ包む。

●ホイロ

27～28℃・75%　70分

●焼成

上火200℃・下火170℃　13～14分

●仕上げ

熱いうちにシロップを塗り、冷めたら粉糖を振る。

工程の考え方とポイント

●生地は渦巻きの中心を意識して伸ばす

生地を楕円形に伸ばす時、渦巻きの中心がそのまま中心にくるように意識しながら伸ばすこと。そうすると焼成後のパンの表面がきれいな渦状の層になる。

▶下の手順写真3参照

生地は端から切って楕円に伸ばす

成形

1
生地の奥の縁を麺棒で薄くして全体に水を塗り、手前から巻いて冷しておく。

2
端から切る。1個あたり35g。冷蔵庫で少し休ませる。

3
楕円形に伸ばす。2で中心にあった渦巻き部分が、伸ばしても中央にくるように伸ばす。

4
チョコカスタードにはグリオットチェリーを、カスタードクリームにはオレンジを合わせて包む。

ホイロ

5
ホイロを70分とる。生地の中心に渦があることで、表面にきれいな層ができる。

シトロン　　メープル　　栗とコーヒー

パヴェ

バター、牛乳、コンデンスミルクといった乳製品の味を凝縮させたミルキーで口溶けのよい生地に、ビス生地をかぶせて焼きました。仕上げは石畳（パヴェ）のイメージ。それぞれ違ったビス生地と砂糖の粒々で、石畳のような表情を表します。

【配合】

◉生地

スワッソン……70%
ビリオン……30%
生イースト……3%
グラニュー糖……15%
天塩……1.8%
卵黄……8%
モルト……0.3%
無塩発酵バター……25%
コンデンスミルク……10%
牛乳……48%
バニラビーンズのさや
……1本（粉1kgに対して）

◉トッピング生地（1個分）

シトロンビス生地（※1）
……6cm×6cm×2mm厚　1枚
コーヒービス生地（※2）
……6cm×6cm×2mm厚　1枚
メープルビス生地（※3）
……6cm×6cm×2mm厚　1枚

※1　シトロンビス生地
発酵無塩バター100gとレモンの皮のすりおろし1/2個分を混ぜたグラニュー糖160gを、ビーターで空気を含むように立てる。全卵60gを数回に分けて加え、薄力粉250gを一気に入れてさっくりと混ぜ合わせる。生地を冷蔵庫で冷やしておく。冷蔵しておいた生地を伸ばせる硬さに戻して、2mm厚まで伸ばす。

※2　コーヒービス生地
作り方はシトロンビス生地と同じ。分量は発酵無塩バター100g、グラニュー糖160g、全卵60g、薄力粉250g、バニラビーンズ1/2本、コーヒー液（同量のコーヒーと熱湯を合わせる）15g。

※3　メープルビス生地
作り方はシトロンビス生地と同じ。分量は発酵無塩バター100g、メープルシュガー170g、全卵60g、薄力粉250g、バニラビーンズ1/2本。

【工程】

●ミキシング

L3分　M8分　↓（バター）　M6分
捏ね上げ温度：26～27℃

●発酵時間

27～28℃・75%　30～40分

●大分割

3等分

●冷蔵

三つ折り2回（この時、栗入りの生地には栗のシロップ煮を対生地18%折り込む）してから、-20℃の冷凍庫に少し入れて発酵を極力止めて、-5℃で一晩冷蔵する。

●成形

三つ折り2回して（この時、メープル生地にはメープルシュガーを生地が隠れる程度振って折り込む）、シーターで8mm厚さくらいまで伸ばし、5cm角の正方形に切る。

●ホイロ

27～28℃・75%　30分

●焼成

ビス生地の片面にグラニュー糖をつけ、その面を上にして生地に重ねる。
上火210℃・下火170℃で12分。

工程の考え方とポイント

●バターは一気に加える
生地が硬いためバターが入りづらいが、ある程度生地がつながったら様子を見ながら一気に加える。途中でバターをカードでこそぎながら生地とバターを手でもみ込むように混ぜると、ミキシングが早く終わる。
▶100ページの手順写真2～3参照

●発酵は若め、若めに
ボリュームを出さずに、内相を密にしてもっちりさせたいので、発酵は若め、若めに進める。
▶101ページの手順写真5

硬め生地に一気にバターを入れる

ミキシング

1

ミキサーボウルに小麦粉と塩とグラニュー糖とバニラを合わせたもの、卵黄、牛乳、コンデンスミルク、モルトを入れてミキシング。

2

ある程度生地がつながったら、バターを入れる。生地が硬くてバターが入りづらいが、中速のまま一気に加えてミキシングする。

3

ミキシングの途中で、手で生地とバターをもみ込むように混ぜ合わせる。こうすると、ミキシングが比較的早く終わる。

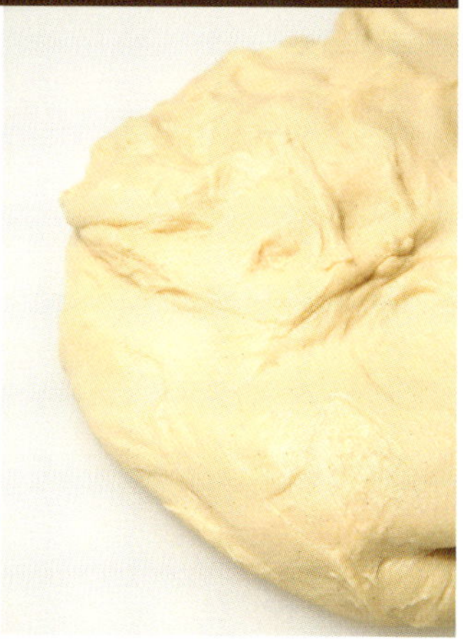

4

ミキシング終了の生地はだいぶ硬めだが、生地を広げて伸ばすと、薄い膜が出来ている。

9

生地をシーターで8㎜厚に伸ばし、少し休ませ、5cm角の正方形に庖丁で切る。

ホイロ

10

30分ほどホイロに入れた状態。生地が垂直に立ち上がっている。

グラニュー糖で石畳の砂をイメージ

焼成

11

ビス生地の片面に霧を吹き、グラニュー糖をつける。

12

グラニュー糖をつけた面を上にして、10の生地に重ねる。すぐに上火210℃・下火170℃で最低12分焼成する。

発酵は若めに

発酵時間

5

30分ほど発酵させた生地。ボリュームを出したくないので、若めの発酵で工程を進めていく。

◎シトロン

冷蔵

6

生地を上から押して、向きを変えて手前から折り込み、四角く生地取りしておく。

7

-20℃の冷凍庫に少し入れて発酵を極力止め、-5℃に移して一晩冷蔵する。冷蔵するのは、成形しやすい状態にするため。

成形

8

シーターに通し、三つ折りを2回する。冷蔵庫で30分以上休ませておく。

◎栗とコーヒー

発酵時間

1

発酵をとり、冷蔵する前に生地全体の3分の2に栗の半量を広げる。

2

生地を三つ折りにする。同じようにして、残りの栗を折り込み、一晩冷蔵する。

成形

3

冷蔵した生地をに伸ばして、5cm角×9mm厚の正方形に庖丁で切る。

焼成

4

発酵をとった生地に、グラニュー糖をつけたコーヒービス生地を重ねる。

◎メープル

冷蔵

1

冷蔵までの工程は、シトロンと同じ。

成形

2

一晩冷蔵した生地を伸ばし、霧を吹き、生地の3分の2に隠れる程度のメープルシュガーを振る。

3

三つ折りにする。冷蔵庫で休ませ、もう一度同じようにメープルシュガーを折り込む。

4

冷蔵した生地を伸ばし、5cm角×8mm厚の正方形に庖丁で切る。

焼成

5

発酵をとった生地に、メープルシュガーをつけたメープルビス生地を重ねる。

パネトーネ

本場・イタリアの味に近づくように試行錯誤を繰り返し、この作り方に辿り着きました。第一中種、第二中種、本捏ねと3～4日かけて作ります。レーズン元種とヨーグルトで作る第一中種の乳酸発酵が主軸です。

日持ちがするのもパネトーネの魅力。サルタナレーズンや3種類のピールを粉対比70%超配合しています。

【配合】

◉第一中種

テロワール	30%
レーズン元種（※）	1%
ヨーグルト（無糖）	20%
モルト	0.5%

◉第二中種

リスドオル	30%
スーパーキング	40%
グラニュー糖	17%
天塩	0.3%
卵黄	10%
蜂蜜	4%
無塩発酵バター	15%
牛乳	20%
水	15%

◉本捏ね

グラニュー糖	18%
天塩	0.7%
卵黄	25%
無塩発酵バター	25%
バニリン	0.1%
サルタナレーズン	40%
オレンジピール	18%
レモンピール	8%
シトロンピール	5%

※レーズン元種
レーズンと湯とモルトと砂糖を合わせ、30℃に調整する。27～28℃のホイロに入れて1日に2回攪拌すると、5～7日で元種となる。レーズンが浮いて、元気よく発泡している状態が目安。下の写真は漉し取ったもの。

【工程】

◉第一中種

●ミキシング（手混ぜ）

L3分　M3分
捏ね上げ温度：25～26℃

●発酵時間

24～25℃　12～15時間（膨張率3倍）

◉第二中種

●ミキシング

L3分　M5分　↓（バター）　M5分
捏ね上げ温度：27℃

●発酵時間

7～8時間（膨張率5倍）

◉本捏ね

●前工程

卵黄と塩をホイッパーで混ぜ合わせ、グラニュー糖を入れてよくすり混ぜる。

●ミキシング

L3分　M5分（前工程ですり混ぜた卵黄を少しずつ入れる）　MH10分　↓(バター)　MH3分　↓(レーズンとフルーツ)　M1分

●発酵時間

27～28℃・75%　60～90分

●分割・丸め

300g

●成形

オリーブオイルを使って丸め、型に入れる。

●ホイロ

27～28℃・75%　4～6時間

●焼成

少し表面を乾かしてからクープを十字に入れ、バターをのせる。
窯入れ前に蒸気を少量入れ、上火170℃・下火190℃で25分。

●仕上げ

焼き上がったら、底の部分に近いところに串を刺して、1時間半～2時間ほど逆さに吊るす。

配合の考え方とポイント

●第一中種、第二中種の中に粉が全て入る。これは、中種法とストレート法の両方の利点がある。

●第一中種では、レーズン元種とヨーグルトが入ることで乳酸発酵を目指す。

●第二中種で糖分を加えるが、中種に一気に入れるのではなく、本捏ねと半量ずつ加えることで、酵母に耐糖性をつける。

●本捏ねの際、シンプルな配合の残り生地（クロワッサンの切り落とし生地など）を少量加えると、発酵が安定する。

工程の考え方とポイント

●生地を引っ張って確認
生地がやわらかいので状態がわかりにくい。バターを入れるタイミングは、生地を引っ張った時、やわらかいが切れない状態になり、手で生地のつながりをしっかりと感じたとき。
▶104ページの手順写真9参照

●第一中種、第二中種は膨張を計測しながら、適切な発酵をとって次の作業に進む。
▶104～105ページの手順写真6～7参照

◉第一中種

ミキシング

1

レーズン元種とヨーグルトとモルトを合わせておき、小麦粉に加えてミキシングを開始する。台に移し、手でこねて丸める。

膨張率3倍まで発酵

発酵時間

2

透明な容器に第一中種を入れ、生地の位置をマークする。膨張率が3倍になるまで、12～15時間ほど発酵させる。

◉第二中種

ミキシング

3

小麦粉とグラニュー糖と塩に、バター以外の材料を合わせたものを加えてミキシングを開始する。第一中種をちぎりながら入れる。

4

生地がミキサーボウルから離れ、しっかりとつながりを確認できたら、バターをちぎりながら一気に加える。

9

パート・フェルメンテ(分量外)少々とバニリンを加える。生地がやわらかいのに持ち上げても切れなくなったら、バターを加える。

10

最後にレーズンと3種類のピールを加える。低速で時間をかけて混ぜているとボリュームが出なくなるので、素早く混ぜ込む。

しなやかで切れない生地

11

ミキシング終了後の生地は、しっとりとしてしなやかだが、引っ張っても切れない、力強さがある。

発酵時間

12

60～90分ほど発酵をとった生地は、しっかりしている。発酵を30分で切り上げ、何個分かに分割して、－5℃で冷蔵してもよい。

5

ミキシングが終了した第二中種。やわらかくて、引っ張ると薄いきれいな膜ができる。

膨張率5倍まで発酵させる

発酵時間

6

発酵を見極めるため、一部の中種を透明な容器に入れて発酵をとる。膨張率が5倍になっていればよい。

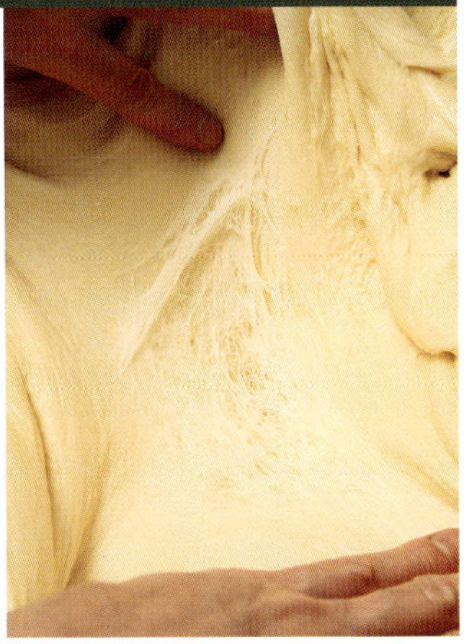

7

第二中種の終点時には、種を広げた時に、写真のように網目状になっている。

◉本捏ね

ミキシング

8

まず第二中種だけでミキシングを開始し、卵黄と塩を混ぜた中に、グラニュー糖を加えてよくすり混ぜたものを少しずつ入れる。

成形

13

台にオリーブオイルを塗り、300gに分割する。手のひらにオリーブオイルをつけながら、丸く成形する。

14

直径12cm×高さ8.5cmの紙型に、とじ目を下にした状態で入れる。

焼成

15

4～6時間ホイロをとる。型の上近くまで生地が発酵していればよい。表面を乾燥させて十字にクープを入れ、バターをのせて焼成。

仕上げ

16

焼き上がったらすぐに底に近いところに串を刺して、1時間半～2時間ほど吊るしておく。こうしないと、生地が落ちてしまう。

大会時に日本選手が作った作品。ヴィエノワズリー（担当：著者）、芸術的装飾パン（担当：橋本高広氏）バゲット及びパンスペシオ（担当：吉川崇氏）の3部門に分かれています。

Coupe du Monde de la Boulangerie
クープ・デュ・モンド・ド・ラ・ブーランジュリーで作ったヴィエノワズリー

父の死、母の介護の始まり。何か大きなこと”に身を投じない限り、潰れてしまいそうな自分が行き着いたところ、それがクープ・デュ・モンドでした。それは飛騨高山という小さな地方都市の、小さな個人店の一職人が、世界の一流パン職人と肩を並べて競い合える、最高のステージを与えられたことでもありました。そして、このことで、地方の至るところにキラリと光を放つお店が増え、ひいては業界の底上げのきっかけになればとも考えました。2005年、大会に出場し、度重なるアクシデントを物ともせず、チームジャパンは総合第3位に輝きました。一緒に戦った、吉川君、橋本君も、今や個人店のオーナーシェフです。一歩一歩でいいのです。日本のパンのレベルが着実に上がっていくことを願わずにはいられません。本書では、大会で作った5品目のうち3品目を紹介します。

パンの完成度だけでなく、「仕事の美しさ」も評価の対象になります。完成した作品を観客の方に見ていただき、内容を説明した後で審査員が試食します。

蜂の巣 Ruche

【組み立て】

ブリオッシュ生地
(88ページの手順10の状態)
……750g
蜂蜜バター(※1)……90g
蜂蜜クルミ(※2)……140g
ブランデーシロップ(※3)/グラスコーティング(※4)/ホワイトチョコレート/粉糖/ココアパウダー/アーモンド(ホールとスライス)/ローズマリー

※1　蜂蜜バター
無塩発酵バターを立てて、その半量のラベンダーの蜂蜜を加えてさらに立てる。

※2　蜂蜜クルミ
150℃のオーブンで35～40分ローストしたクルミをフードプロセッサーで細かくする。クルミに対して、半量のラベンダーの蜂蜜を加え混ぜる。

※3　ブランデーシロップ
水100%に対して、グラニュー糖70%、ブランデー50%を混ぜ合わせる。

※4　グラスコーティング
粉糖100%に対して、熱湯16%とブランデー10～11%を合わせて混ぜ、湯せんする。

【工程】

分割

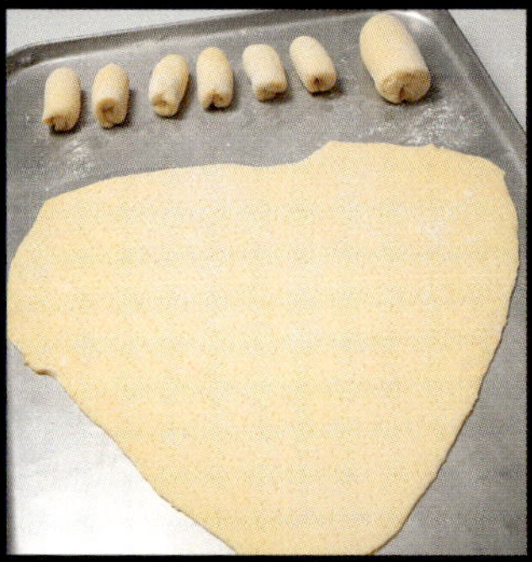

1 140g分割を1個、42g分割を6個とって俵型に。残った生地は向きを変えながらシーターに通して、2mm厚まで伸ばす。冷蔵庫で休ませる。

成形

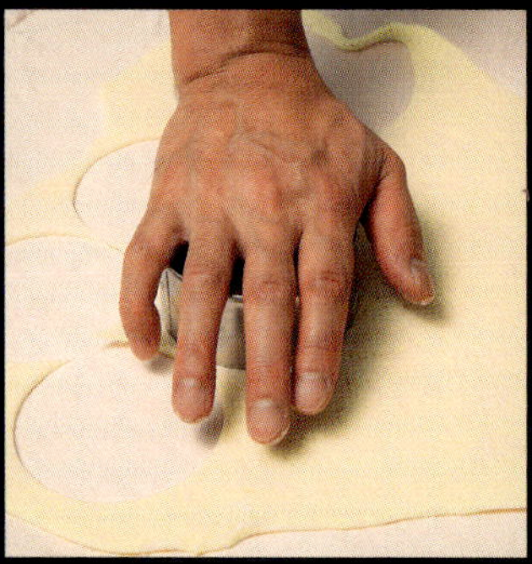

2 2mm厚の生地を直径13cmの丸型で1枚、9cmの丸型で6枚抜く。

7 手前から巻く。蜂蜜クルミが渦になるイメージ。引っ張り過ぎて、生地が薄くならないように手早く作業して冷す。

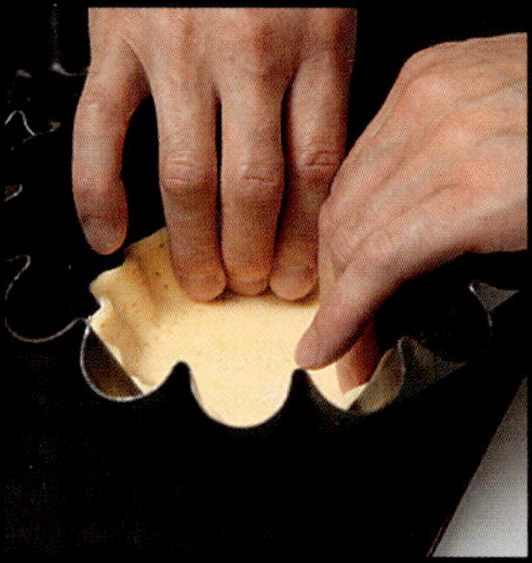

8 上部の口径が18cmと12cmの型に、2の13cmと9cmの生地をぴったりと敷き詰める。

仕上げ

13 焼成したら、温かいうちにシロップを塗る。生地の上面、底面、横面と全てに塗る。

14 蜂の巣をイメージして、グラスコーティングを側面にしっかりと塗る。生地とコーティングが温かいと、塗り終わった時に固まる。

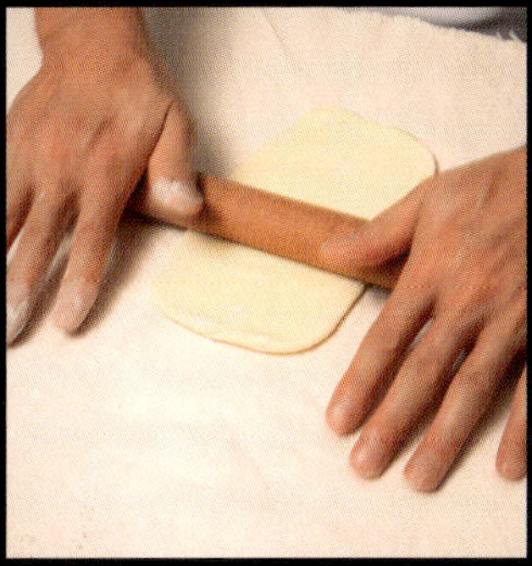

3 140g分割の生地を12㎝×23㎝に、42g分割の生地を7㎝×12㎝に麺棒で伸ばす。生地を横長におき、横の一辺だけを手で押して薄くする。

4 奥から3分の1を残して、大きい生地には30g、小さい方には8～10gの蜂蜜バターを絞る。一度冷してバターを固める。

5 薄くした部分に刷毛で水を塗る。

6 指に水をつけて、蜂蜜クルミを蜂蜜バターの上にまんべんなく広げる。大きい生地には50g、小さい方には15g使う。

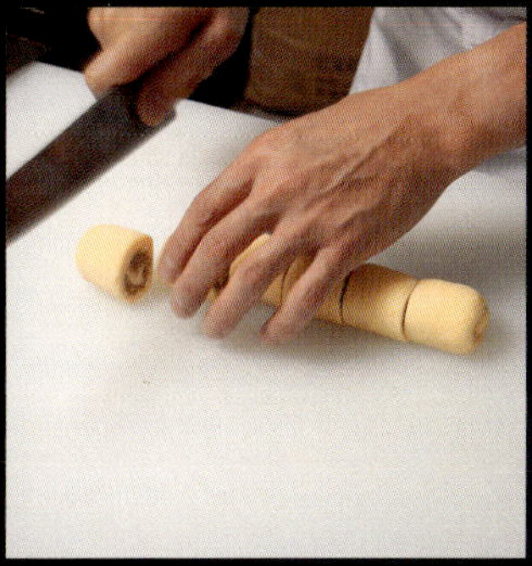

ホイロ・焼成

9 7で冷した生地を庖丁で6等分する。切り口を上に向ける。

10 中心に1個おき、その周りに5個をくっつける。中心の生地の周囲には水を塗る。とじ目が内側にくるようにくっつける。

11 10でくっつけた状態のまま8の型に入れる。小さい方も同じ要領で成形する。

12 27～28℃・75%でホイロを90分ほどとった状態。蓋をかぶせて、上火・下火ともに180℃で大きい方は25分、小さい方は20分焼く。

15 少し平らなところで冷してから、アミの上に移す。蜂の巣に見立てたホワイトチョコレートをのせる。

16 型紙をのせて、粉糖を生地の振る。ホワイトチョコレートの上には振らない。

17 ホワイトチョコレートの上に、ココアパウダーをつけて刷毛で散らし、蜂の巣に見立てる。

18 蜂に見立てたアーモンドをのせ、ローズマリーを飾る。朝日が昇り、森から蜜を集めにまさに飛び立とうとする蜂を表している。

洋梨の十字架 Croix de poire

【組み立て】(1個分)

3×3×3のクロワッサン生地
(55ページの手順写真14の状態)
……………8.5cm×8.5cm×4mm厚　1枚
キャラメルカスタードクリーム(※1)
……………………………………18g
洋梨のシロップ煮(※2)……………40g
ナパージュ(非加熱用)／粉糖／タイム

※1　キャラメルカスタードクリーム
カスタードクリーム100%にキャラメル30%を加え混ぜる。キャラメルはグラニュー糖100%に対して水30%を合わせて火にかけ、キャラメル化させ、少し温めた生クリーム(乳脂肪分45%)を75%加えたもの。

※2　洋梨のシロップ煮
6等分した洋梨をシロップで炊く。シロップは水100%に対してグラニュー糖40%を溶かしたものに、バニラのさやとレモンスライスを加えたもの(水を1ℓ使用する時、バニラのさや2本、レモンスライスは4枚使用)。

【工程】

フルーツの下処理

1 洋梨のシロップに端から切れ目を入れて、少しずらす。バーナーで表面に焦げ目をつける。

成形

2 正方形の生地の四隅を麺棒で伸ばして、星型にする。

3 4箇所の頂点に庖丁で切れ目を入れて、先端に水刷毛する。

4 切った部分の片方の生地をそのまま内側に折り込む。同じ作業を逆方向にもう一度行ない、生地の周囲を重ねる。

ホイロ

5 27～28℃・75%のホイロに60分入れて発酵をとる。

焼成

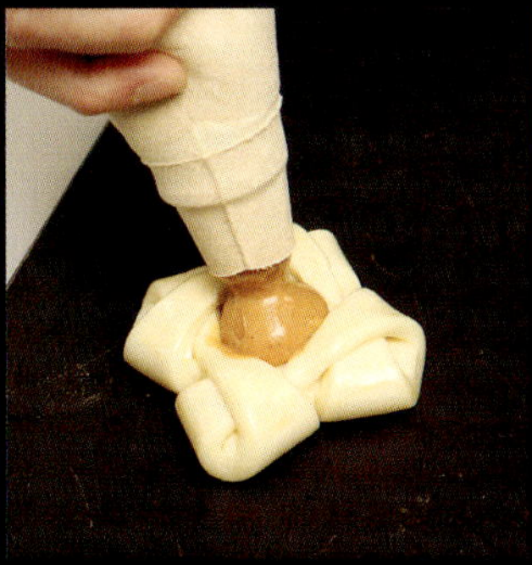

6 生地に卵を塗り、中心部分にキャラメルカスタードクリームを18g絞る。

7 1の洋梨のシロップ煮を上にのせる。上火210℃・下火180℃で22分焼く。洋梨を焼き込むことで、味に深みが増す。

仕上げ

8 ナパージュを全体に塗る。四角い型紙をおき、粉糖を振り、タイムを飾る。

蜜柑 Orange

【組み立て】(1個分)

3×3×3のクロワッサン生地
(55ページの手順写真14の状態)
……10cm×5.5cmの半月型で厚さが
2mmと4mm　各1枚
ピスタチオクリーム（※1）……18 g
オレンジのシロップ漬け（※2）…2房
ピスタチオ／ナパージュ（加熱用）
／粉糖／オレンジチップ（※3）

※1　ピスタチオクリーム
アーモンドクリーム（116ﾍﾟ参照）100%に対して、ピスタチオペースト20%を混ぜ合わせる。

※2　オレンジのシロップ漬け
グラニュー糖100%と水100%でシロップを作り、冷めたらその総量に対して20%のコアントローを加えた中に、薄皮をむいたオレンジを一晩漬け込む。

※3　オレンジチップ
スライスしたオレンジをシロップで煮て、100℃のオーブンで1時間〜1時間30分乾燥させる。

【工程】

成形

1 2mm厚の生地は、オレンジの輪切りを模した抜き型で抜く。

2 4mm厚で抜いた生地の縁に卵を塗り、半月型に抜いたピスタチオクリームとオレンジのシロップ漬けをのせる。

3 1の生地を少し広げ、2の生地に接着させる。

4 重なった生地の4〜5箇所をピケする。

ホイロ

5 27〜28℃・75%のホイロを60分とる。写真はホイロ後の状態。

焼成

6 生地の表面に卵を塗る。上火210℃・下火180℃で22分焼成する。

仕上げ

7 ナパージュを生地とオレンジに塗る。砕いたピスタチオを生地の手前に散らす。

8 オレンジチップをさすことで、シャープさと立体感を出す。

トラン・ブルーの
シュトーレンとパンドーロ

今の味に行き着くまでに注いだ情熱と費やした時間を考えると、私にとって特別な商品といえるのです。ここでは、その特徴と魅力を紹介します。

シュトーレン

独特の食感と風味。まだ知る人の少なかったシュトーレンに心を強く揺さぶられ、1987年頃から12月になると、その時の自分の技術や情熱をふり注いで焼いてきました。時間と共に深みや味わいが刻々と変わっていくシュトーレンですが、トラン・ブルーのシュトーレンの特徴はフレッシュさ。作り立てだからこその澄んだバターの味、ナッツならではのカリカリ感、お酒とあいまったフルーツの深みのある爽やかさ。その全てを生地で大切に包み込み、敢えてそれほど変化しないよう、たっぷりの粉糖で覆いつくしました。作り立てのおいしさをじっくりと味わっていただけるよう工夫しています。

パンドーロ

イタリアの輝く太陽を思わせる、黄金色のパンドーロ。パンドーロに対する思い入れは、今から10年余前にさかのぼります。乳酸発酵がベースにありながら、酸味が突出しないよう、自然種、粉、副材料の選定から、発酵、熟成の進め方までを考え抜いて、幾度となく試作を重ねました。そして、濃厚なバターと卵黄の贅沢な味わい、口いっぱいに広がるバニラの香り、溶けるようなやわらかな食感を実現できるようになったのです。

主なクリームとペースト

本書でよく使っているクリームとペーストの配合と作り方を紹介します。

◎カスタードクリーム

【配合】

牛乳……100%
グラニュー糖……20%
卵黄……20%
バイオレット……10%
無塩バター……2%
バニラビーンズ…牛乳1ℓに対して1本

【作り方】

1　鍋に牛乳と半量のグラニュー糖を合わせ、種をしごいたバニラビーンズをさやごと入れて温める。
2　ボウルに卵黄と残りのグラニュー糖をすり混ぜて、グラニュー糖を溶かす。
3　バイオレットをふるいながら2に入れ、よく混ぜる。
4　3のボウルに沸騰直前の1を少し加えて混ぜ、混ざったら残りを全て加え混ぜる。
5　鍋に4を漉し戻し、強火で炊く。クリームが一度硬くなり、急にコシが抜けたところが炊き上がりの目安。
6　バターを入れたボウルに5を移す。バターを混ぜ、ツヤがでたら氷水にあてて急冷する。

クリームの基本となるカスタードクリーム。チーズやチョコレートなどを混ぜて、さまざまなクリームにアレンジする。

◎アーモンドクリーム

【配合】

粉糖……100%
無塩バター……100%
卵……100%
アーモンドプードル（※）……100%
ラム酒……20%
バイオレット……10%

※アーモンドプードル
皮つきアーモンドホールをローストし、フードプロセッサーにかけ、油が出る前に止めたものを50%と、皮なしアーモンドプードル50%を合わせたもの。

【作り方】

1　粉糖とバターを軽く立て、アーモンドプードルを加え混ぜる。
2　卵を1に少しずつ加える。
3　ふるったバイオレットを加え混ぜ、仕上げにラム酒を加える。

◎アーモンドペースト

【配合】

アーモンドクリーム（左記参照）
……100%
カトルカール（※）のくず……50%

※カトルカール
無塩バター、グラニュー糖、バイオレット、卵を同割で焼いた焼き菓子。

【作り方】

1　アーモンドクリームとカトルカールをよく混ぜ合わせる。

デニッシュのほとんどにこのアーモンドペーストを使用している。クリームや果汁などの水分が、焼き上げ後のサクサクの生地に染み込むのを防ぐことができる。

Parfum et Farine

香りと粉を工夫したパン

ここでは、バニラや蜂蜜をふんだんに使った香り高いパンや、デュラム小麦粉を使ったパン、そしてベーグルのようにボイルする工程を入れたパンを紹介します。

パン・バニーユ

バニラの香りを「これでもか！」と楽しませるパンです。配合を見ると副材料の多い生地ですが、成形や焼成などはハード系の考え方で作っています。非常にやわらかい生地で口溶けもよく、翌日になるとバニラの香りがさらに浸透しておいしくなります。

【配合】

ビリオン……80%
グリストミル……20%
生イースト……3%
バニラシュガー（79ページ参照）……12%
天塩……1.8%
無塩発酵バター……20%
卵黄……10%
生クリーム（乳脂肪分45%）……10%
コンデンスミルク……8%
牛乳……54%～
バニラビーンズ……小麦粉1kgに対して1本
バニラパウダー（※）……0.6%

※バニラパウダー
使用済みのバニラのさやを乾燥させ、細かくしてミルにかけ、粉砕する。ふるいにかけて、落ちた粉を使う。

配合の考え方とポイント

●バニラの香りをこれでもかと楽しませる配合。
●小麦粉は口溶けのよさとボリューム感を出すために、強力粉のみを使う。また、工程の後半で生地が締まり過ぎるのを防ぐ目的で、灰分の多い小麦粉を使う。

バニラビーンズの黒い粒々が見えるだけでなく、食べるとシャリシャリいいます。有塩バターとの相性がとてもいいパンです。

【工程】

●ミキシング

L3分　M5分　↓（バター）　M7～8分
捏ね上げ温度：26～27℃

●発酵時間

27～28℃・75%　70分　パンチ　15～20分

●分割・丸め

45g、120g、200g

●ベンチタイム

25～30分

●成形

◎ 45g（2種類）
丸型に成形し、粉をつけて深めのクープを2本入れる。
楕円形に成形し、粉をつけて深めのクープを5本入れる。

◎ 120g
ガスを叩き出し、手前から巻き込み、ロール状に成形する。

◎ 200g
短めのバタール型に成形し、深めのクープを斜めに8本入れる。

●ホイロ

27～28℃・75%　50分

●焼成

120g分割の生地にクープを3本入れる。
窯入れ前に少し、窯入れ後に多めの蒸気を入れ、上火210℃・下火180℃で45g分割の生地は7～8分、120g分割の生地は10～12分、200g分割の生地は15～17分。

工程の考え方とポイント

●引っ張っても切れない状態までミキシング

ミキシングの終了の目安は、生地を引っ張っても切れず、よく伸びる状態。

▶120ページ手順写真3

●焼成は蒸気を入れて、低めの温度で

蒸気がのりにくい生地なので、窯入れ後に再度蒸気をしっかり入れる。生地に糖分が多いので、オーブンの温度は低めに設定。

引っ張っても切れず、よく伸びる生地

ミキシング

1

ミキサーボウルに小麦粉、バニラシュガー、バニラパウダー、バニラビーンズ、塩、卵黄と生クリームとコンデンスミルクを合わせたものと、牛乳で溶かした生イーストをを入れる。

2

ミキシングを開始する。生地がまとまってきたら、バターをちぎりながら一気に入れる。

3

生地を引っ張ってみて、力強さがあり、切れない状態だが、よく伸びる生地であればミキシングはOK。

4

ボウルに入れて発酵させる。

ベンチタイム

9

ベンチタイムを25～30分とった生地。

◎200g分割

成形

10

ガスを叩き出し、短めのバタール型に成形する。

11

成形したら、すぐに斜めに8本のクープを入れる。少し深めに入れて、火通りと見栄えをよくする。

ホイロ

12

生地を布取りし、50分ほどホイロをとった状態。糖分が多い生地なので、上火210℃・下火180℃と少し低めの温度で焼く。

パンチは軽めに

発酵時間

5

70分経った生地の状態。左の発酵前と比べると、しっかりとガスを含んでいる。

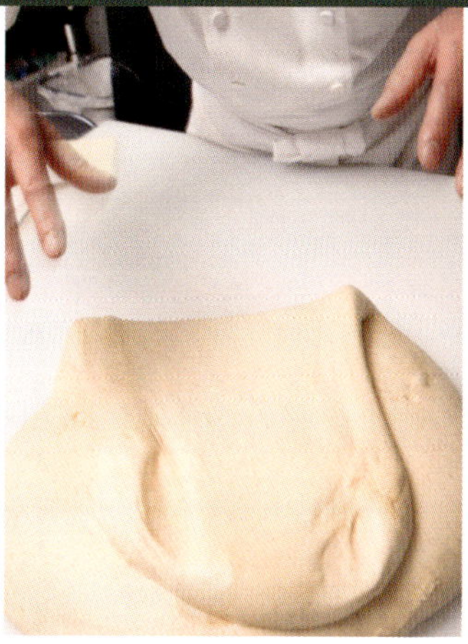

6

70分経ったら、パンチを入れる。後で生地がしまってくるので、軽めのパンチでよい。

7

パンチをして、15～20分発酵をとった状態。とてもつややかな生地になっている。

分割・丸め

8

45g、120g、200gに分割して丸める。

◎120g分割

成形

1

ガスを叩き出し、手前から巻き込む。

ホイロ

2

生地を布取りし、50分ホイロをとる。焼成前にクープを3本入れる。

◎45g分割

成形

1

表面を張らせるように生地を丸める。

2

とじ目を持って粉をつけて天板にのせ、深めのクープを2本入れる。

3

もうひとつも表面を張らせるように折り込み、楕円形に成形する。

4

天板に生地をのせて粉を振って、深めのクープを5本入れる。

ホイロ

5

5本のクープを入れた生地のホイロ後の状態。クープがきれいに開いている。

パン・オ・ミエル

内相が凝縮した、保湿性の高い食パンを作りたいと考えて、ラベンダーの蜂蜜と卵黄を配合しました。国産小麦を40％ブレンド。生地はしっとりしていて、蜂蜜の味と香りが楽しめます。

【配合】

ビリオン	60%
ジャパネスク	40%
天塩	1.8%
生イースト	2.5%
モルト	0.2%
蜂蜜（ラベンダー）	12%
卵黄	4%
生クリーム	7%
コンデンスミルク	5%
無塩発酵バター	6%
水	59%

配合の考え方とポイント

●ボリュームが出過ぎないように、ビリオンに国産小麦・ジャパネスクをブレンドする。

●内相を凝縮させて、保湿性の高い食パンを作ろうと考え、蜂蜜や卵黄を配合する。

●蜂蜜はラベンダーを使っている。ハーブ系の蜂蜜を使うと、焼成した後でも蜂蜜の香りが残りやすい。

【工程】

●ミキシング

L3分　M5分　H30秒　M1分
↓（バター）M2分　H30秒　M2～3分
捏ね上げ温度：27℃

●発酵時間

27～28℃・75%　60分　パンチ30分

●分割・丸め

120g

●ベンチタイム

30分

●成形

モルダーに通して、手前から巻き、食型に2個詰める。

●ホイロ

27～28℃・75%　70～80分

●焼成

上火180℃・下火200℃　25分

工程の考え方とポイント

●生地の特徴はベタっとした状態

ミキシングは、最後まで生地がボウルの底にくっついており、ベタッとした状態。国産小麦を配合しているので、高速ミキシングは極力避ける。

●生地が締まり過ぎないようにする

モルダーに通して棒状にした後、表面をはらせるようにロール状（スネーク）にふわっと巻く。

▶124～125ページの手順写真8～11参照

●ホイロの目安

ホイロは、生地が型よりも少し出るまで膨らめばよい。

▶125ページの手順写真14

生地は最後までベタッとした状態

ミキシング

1

ミキサーボウルに小麦粉と塩を入れ、生イースト、モルト、蜂蜜、卵黄、生クリーム、コンデンスミルク、水を混ぜ合わせたものを加え、ミキシングを開始する。

2

生地は、ミキサーボウルの底についているようなベタッとした状態。そのため高速を使うが、国産小麦を使っているので時間は30秒。

3

生地がまとまったら、バターをちぎりながら加える。バターの投入後も中速で回した後、30秒ほど高速で回して生地をつなげる。

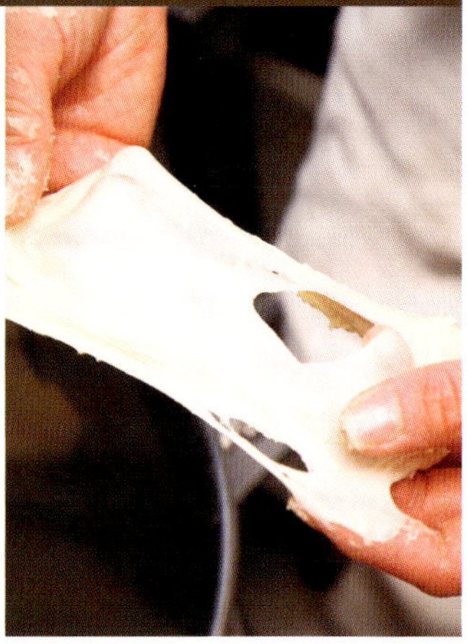

4

ミキシングが終わった生地は、ツヤツヤとしている。生地を引っ張ると非常に薄い膜ができるが、力強さはある。

フワッと軽く巻く

分割・丸め

9

120gに分割して丸め、ベンチタイムを30分ほどとる。

成形

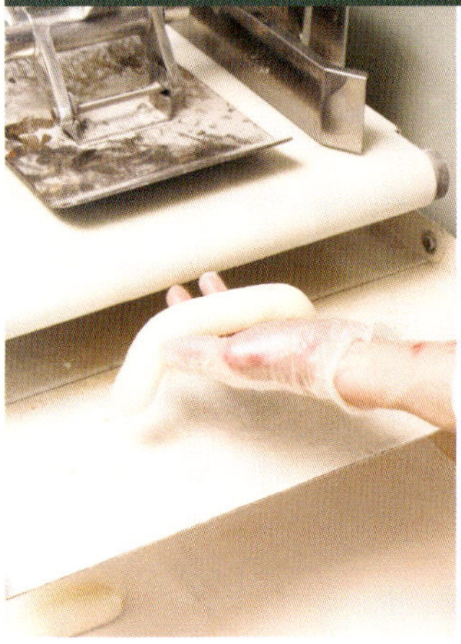

10

生地を軽くつぶして、モルダーに通す。

11

モルダーに通した生地を手前から巻く。この時あまり強く巻かずに、表面を張らせるように、フワッと軽く巻く。

12

生地の巻き終わりは、生地同士をつまんで軽くとめればよい。

パンチを一回する

発酵時間

5

生地を丸めて、ボウルに入れて発酵をとる。

6

発酵時間が60分経過した状態の生地。5の写真と比べると、しっかりガスを含んでいるのがわかる。

7

60分発酵させたら、一度パンチを入れる。なめらかで、伸びる生地になっている。表面を張らせるように丁寧に扱う。

8

パンチを入れて、30分ほど発酵させた生地。

ホイロ

13

食型に12の生地を2個詰める。とじ目を下にして、型の一方に寄せて詰める。

14

70 ～ 80分ホイロをとった後の生地。生地の上部が、型よりも少し出ているくらいまで発酵していればよい。上火180℃・下火200℃で25分焼成する。

パン・オ・ミエルの生地を使った

ロゼ

ラベンダーの蜂蜜を使ったパン・オ・ミエルの生地に、ゴルゴンゾーラピカンテとクルミと蜂蜜のペーストを巻き込み、バラの花を模して焼き上げました。甘さとしょっぱさを同時に感じる、不思議な味わいです。

【組み立て】(1個分)

「パン・オ・ミエル」の生地……25g
クルミと蜂蜜のペースト(※)……6g
ゴルゴンゾーラピカンテ……3g

※クルミと蜂蜜のペースト
ローストしたクルミをフードプロセッサーにかけて、粒々感が残る程度に潰し、ラベンダーの蜂蜜を加え混ぜたもの。蜂蜜の分量はクルミの7割。

【工程】

●分割・丸め

25g

●ベンチタイム

20～25分

●成形

幅5.5cm×長さ9cmの細長い楕円形に伸ばし、溶かし無塩バターを塗る。クルミと蜂蜜のペーストを絞り、ゴルゴンゾーラピカンテを絞る。半分に折りたたみ、手前から巻く。直径7cmのプリンカップには、生地をひとつ入れる。直径14.5cmの丸型には、中心に生地を1個おき、その周りを囲むように5個、余裕を持って型に入れる。

●ホイロ

27～28℃・75%　40～50分

●焼成

上火190℃・下火200℃で7cm型は12～13分、14.5cm型は15～16分。

●仕上げ

ラベンダーの蜂蜜をかける。

工程の考え方とポイント

●焦がさずに焼成する
生地、フィリングに蜂蜜をたっぷり使っているので、焼成中、フィリングが吹き出してこぼれて焦げることが多い。極力、フィリングがこぼれないように、また型につかないように成形にも注意を要する。
▶下の手順写真3～4参照

成形

1
生地を幅5.5cm×長さ9cmの楕円形に伸ばし、溶かし無塩バターを全面に塗る。

2
生地の中央にクルミと蜂蜜のペーストと、ゴルゴンゾーラピカンテを絞る。

3
半分に折って、ペーストとチーズを包み込む。この時、生地を少し横に引っ張って伸ばす。

4
生地を縦におき、手前から巻いてとめる。

5
生地がしっかり立つように型に入れる。型のスペースに少し余裕があった方がよい。

パーネ・カフォーネ

デュラム小麦粉を使って焼いた食事パンです。小麦粉を使った時とは違う、少し硬い感じのモチモチした食感が楽しめます。ルヴァン初種を加えることで、翌日でもしっとり感を保つことができます。

【配合】

デュラム小麦粉（デュエリオ）……100%
天塩……2.2%
生イースト……1.1%
ルヴァン初種……25%
オリーブオイル……2%
モルト……0.3%
水……72%～

配合の考え方とポイント

●デュエリオはデュラム小麦粉で、今までのものよりも細かく挽いてあるが、水が入っていきづらい。吸水を多く、しっかりと水和させる必要がある。

●デュラム小麦粉でパンを作るとパサつきがちだが、ルヴァン初種を加えることで、しっとりとした日持ちのいいパンになる。

デュラム小麦粉を使っているので、内相は少し黄色っぽいのが特徴。生地の目は全体に詰まっています。

【工程】

●ミキシング

L5分　↓（塩）　L3分　↓（ルヴァン初種）　L2分　M2分
捏ね上げ温度：25℃

●発酵時間

27～28℃・75%　60～90分（膨張率2倍）

●分割・丸め

450g

●ベンチタイム

20～30分

●成形

◎木の葉模様型
丸型に成形し、ひっくり返してバヌトンに入れる。

◎丸型
丸型に成形し、麺棒で3箇所を押して、ひっくり返してバヌトンに入れる。

◎Ｓ字型
65cm長さに伸ばし、両端から巻き込んでＳ字型に成形。卵白を塗り、黒ごまと白ごまを合わせたものをつける。

●ホイロ

27～28℃・75%　90～120分

●焼成

ひっくり返してスリップピールにおく。木の葉模様型には、木の葉型にクープを入れる。
窯入れ前と窯入れ後に蒸気を入れ、上火230℃・下火210℃で30～35分。

工程の考え方とポイント

●デュラム小麦にしっかり吸水させる

粒子が硬いデュラム小麦粉に吸水させるためには、ミキシング時に塩を入れるタイミングにコツがある。塩は最初から入れずに、デュラム小麦粉が水分を吸ってから入れる。塩には水を吐き出させる作用があるため、デュラム小麦粉と水がしっかり水和した後に塩を入れないと、デュラム小麦粉に水分が入っていきにくい。

▶130ページの手順写真２～３参照

●２倍に膨れるまで発酵をとる

発酵は２倍に膨れるまでとる。60～90分を目安とするが、撮影時は２時間15分かかっている。ルヴァン種の状態で発酵具合が変わってくる。

▶131ページの手順写真６

塩はデュラム小麦粉と水が水和してから投入

ミキシング

1

デュラム小麦粉に、モルトと水とイーストを合わせたものとオリーブオイルを加えてミキシングを開始する。水は少し残しておく。

2

デュラム小麦粉は粒が硬く、水が入っていきにくいので、生地の硬さの見極めが難しい。最初から水を全量入れず、様子を見ながら1で残しておいた水を加える。

3

デュラム小麦粉が水分を十分に吸ったところで塩を加える。この塩を入れるタイミングが重要。ルヴァン種はその後、ミキシングの後半で投入する。

4

ミキシングが終わった生地は、膜は出来ているが、持ち上げると切れやすい。生地が多少硬いと感じても、後からダレてくる。

◎木の葉模様型

成形

ホイロ

焼成

9

菊練りのように（35ページ手順13参照）丸め直し、下の生地をつまんでとじる。力を入れすぎると切れてしまうので注意する。

10

小麦粉とコーンスターチを振ったバヌトンに、とじ目が上になるように入れる。

11

90～120分ほどホイロをとる。バヌトンの容量の8割くらいまで膨れる。

12

生地をスリップピールにひっくり返しておく。クープを縦に3本入れ、その間に斜めにクープを入れて、30～35分焼成する。

発酵時間

分割・丸め

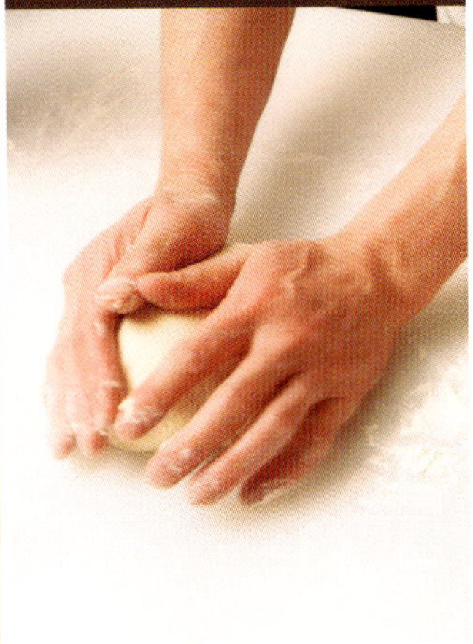

ベンチタイム

5

生地の表面をならして、発酵具合がわかりやすいように、生地の一部を透明な容器に入れる。

6

生地の膨張率が2倍になるまで発酵をとる。目安は60～90分だが、撮影時は2時間15分ほどかかった。

7

450gに分割して丸める。まだこの段階の生地は切れやすいので、軽く丸める。

8

20～30分ほどベンチタイムをとる。写真はベンチタイムをとった後の生地の状態。

◎丸型

成形

1

木の葉模様型と同じように丸める。生地を三等分するように麺棒で押す。

2

生地を両手で中心に寄せて三角形を作り、裏返してバヌトンに入れる。

◎S字型

成形

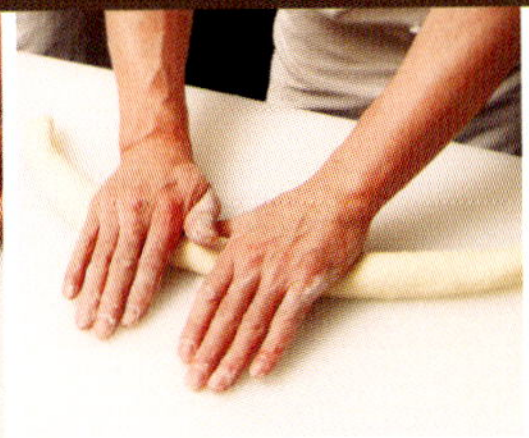

ホイロ

1

バゲットと同じ要領で生地を65cm長さの棒状に成形する。

2

表面を張らせるように成形するが、切れやすいので注意する。

3

両端から生地を巻く。巻き込む向きを逆にして、S字型になるようにする。

4

卵白を塗り、黒ごま1に対して白ごま1.5を合わせたものを表面につける。

5

ごまをつけた面を下にしてホイロをとる。写真はホイロ後の状態。

タラッリ

ベーグルのように茹でる工程を経て作る、モチモチした食感のパンです。粉はデュラム小麦粉を80%配合。プレーンは唇の形、フェンネル入りは女性が足を組んだ時の様子をイメージして成形しています。

プレーン

フェンネル入り

【配合】

デュラム小麦粉（デュエリオ）……80%
リスドオル……20%
生イースト……2%
蜂蜜……5%
天塩……2%
無塩発酵バター……2%
モルト……0.5%
水……55%

配合の考え方とポイント

- デュエリオ（デュラム小麦粉）を使ったパンは、時間が経つとぱさついてしまう。蜂蜜を配合して保湿を補い、茹でる工程によりクラストをα化させて固めることで保湿効果を得て、ぱさつきを抑える。
- バターの分量は少ないので、最初からバターを入れ、オールインミックスでミキシングする。

【工程】

●ミキシング

L3分　M2分　H3分
捏ね上げ後、押し丸め
捏ね上げ温度：27℃
※フェンネル入りは、ミキシング終了後に対生地0.7％のフェンネルシードを加えて混ぜる。

●発酵時間

27～28℃・75%　30分

●分割・成形

◎プレーン
目を詰まらせたいため、シーターで伸ばして三つ折りを1回して、空気を抜く。20cm×30cmに伸ばし、24個に切り分ける。スケッパーの背で生地を対角線状に押し、半分に折る。

◎フェネル入り
35gに分割して丸める。ベンチタイムを5～10分とった後、18～20cm長さで両端を細く伸ばす。少し休ませ、軽く伸ばしてとじ目を下にして、両先端を少し重ねる。

●ホイロ

27～28℃・75%　30分

●ボイル

85～90℃のお湯（5%の蜂蜜液）に入れ、両面で2～3分茹でる。水分を切っておく。

●焼成

上火220℃・下火200℃　20分

工程の考え方とポイント

●目の詰まった生地にする
ミキシングすると空気を抱き込んでくるので、ミキシング終了後、押し丸めをすることで空気を排除する。目を詰まらせ、モチモチとした食感にするため、若めの発酵をとる。

●最大の特徴は“茹でる”こと
ボイルする液に5%の蜂蜜を加えるのは、表面の色づきをよくして、表面のテリを出すため。モルトでも代用可能。また、温度を85～90℃にするのは、生地を糊化させるのに必要な温度帯であるため。
▶134ページの手順写真11

ミキシング

1

水、モルト、蜂蜜、塩はあらかじめ合わせておく。ミキサーボウルに材料を全て入れて、ミキシングを開始する。

2

ミキシングが終了した生地。引っ張ると薄い膜ができるが、生地はしっかりとしている。

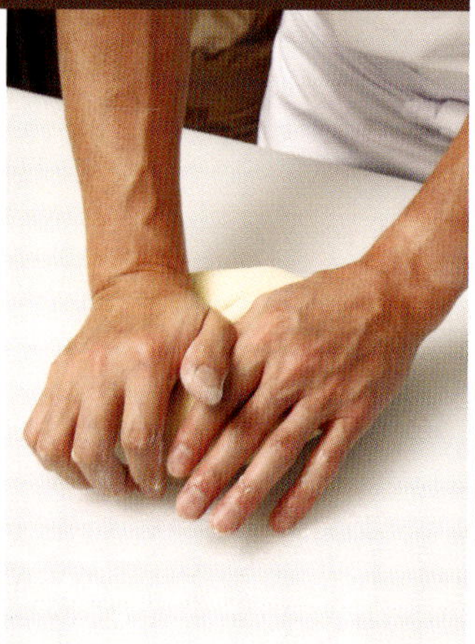

3

目の詰まった生地にしたいので、空気を含ませたくない。生地を台に移して押し丸めをしてから、発酵をとる。

発酵は若めに

発酵時間

4

30分ほど発酵させた状態。奥がフェンネル入りで、手前がプレーン生地。目を詰まらせたいので、発酵は若め、若めで進める。

9

生地が重なった頂点の部分を下にして布取りする。

ホイロ

10

30分のホイロ時間のため、それほど生地は大きく膨らんでいない

蜂蜜入りの85～90℃のお湯でボイル

ボイル

11

85～90℃のお湯（5%の蜂蜜液）に入れ、ひっくり返しながら両面で2～3分茹でる。

焼成

12

茹でたら水分を切って天板に並べる。上火220℃・下火200℃で20分焼成する。

女性の唇をイメージして成形

分割・成形

5

シーターに通して三つ折りを1回することで、空気を抜く。麺棒で20cm×30cmに伸ばす。

6

庖丁で24個に切り分ける。

7

生地を対角線状にスケッパーの背で押す。

8

押したところで半分に折る。成形のイメージは女性の唇。

◎フェンネル入り

女性が足を組んだ姿をイメージ

ミキシング

1

捏ね上がった生地を取り分け、フェンネルシードを加える。

成形

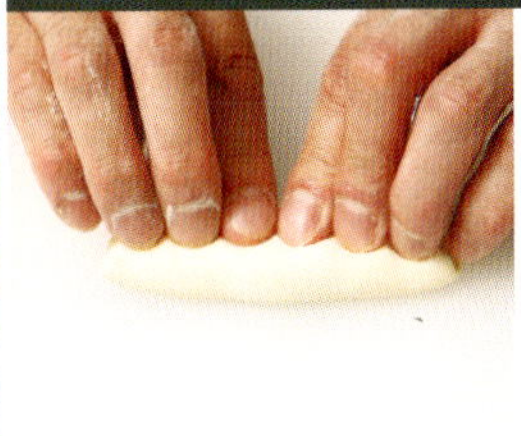

2

ベンチタイム後、生地を軽く叩き、手前と奥から折り込み半分に折る。表面を張らせるように成形。

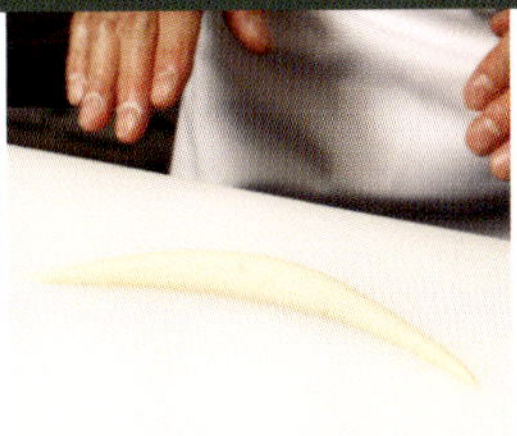

3

中心から両端に手を滑らせるようにして、両端を細く成形する。

4

先端部分を少し重ねる。イメージは女性が足を組んでいる姿。

ホイロ

5

ホイロを30分ほどとった状態の生地。

ボイル

6

プレーンと同じように生地をボイルする。

焼成

7

水分を切り、天板に並べて20分ほど焼成する。

著者紹介

成瀬 正

トラン・ブルー　オーナーシェフ

1960年岐阜県高山市生まれ。大正元年創業のパン製造会社の4代目。

成城大学経済学部卒業。㈱アートコーヒー、㈳日本パン技術研究所、㈱ホテルオークラを経て、1986年に帰郷し、1989年、飛騨高山に「トラン・ブルー」をオープン。2005年には、「クープ・デュ・モンド・ド・ラ・ブーランジュリー」（ベーカリーワールドカップ）に日本代表のチームリーダーとして出場、総合第3位に輝く。

トラン・ブルー

住所／岐阜県高山市西之一色町1-73-5

電話／0577-33-3989

営業時間／9時～19時（売り切れ次第クローズ）

定休日／水曜日（その他不定休あり）

http://www.trainbleu.com/

あとがき

開店より丸21年が過ぎ、巣立っていった仲間（スタッフ）達は、故郷に戻り、自分のお店を立ち上げている。彼らのお店の独自の空間には、脈々と流れるトラン・ブルーのエスプリと、彼らのテイストが融合されたパン達が輝きを放っている。

思うに、今、こうしてトラン・ブルーがあるのは、過酷ともいえる修業の中、もがき、苦しみながらも、店を支えようと必死になり、お互いに成長し合わなくてはと、同じ方向を見つめ、苦しい時を共有できたからこそ、心が通じ合えた仲間達の存在を抜きには語れない。

ありがとう。

そして今、そんな先輩達の背中を見つめ、追いかけている仲間がいる。この先もトラン・ブルーの新しい歴史を築いてくれるであろう彼ら、彼女らと共に働ける事を私は幸せに思う。

（本書の制作にあたって協力してくれた仲間）
写真右より、櫻井こずえ、宮下徹、綿貫享、毎川亮、松本和弘、鳥山暁子。

トラン・ブルーが切り拓く

パンの可能性

初版発行日　2011年2月2日

著　者　成瀬 正（なるせ ただし）

発行者　早嶋　茂

制作者　永瀬正人

発行所　株式会社 旭屋出版

住所　〒107-0052 東京都港区赤坂1-7-19 キャピタル赤坂ビル8階

電話　03-3560-9066（編集部）

　　　03-3560-9065（販売部）

FAX　03-3560-9073

郵便振替　00150-1-19572

web　http://www.asahiya-jp.com

印刷・製本　凸版印刷株式会社

ISBN978-4-7511-0908-3

定価はカバーに表示してあります。

●企画・制作／たまご社　松成容子

●撮影／間宮博

●デザイン／スタジオフリーウェイ　冨川幸雄

●編集／渋川真由子